KB087296

학업성취도
평가 —

문제집

국어 | 영어

Chunjae
Makes
Chunjae

▼

학업성취도 평가 | 초등 국어·영어

기획총괄	오병목
편집개발	김동렬, 전종현, 조수민, 구보선
디자인총괄	김희정
표지디자인	윤순미, 김지현
내지디자인	박희춘, 이혜미
제작	황성진, 조규영

발행일	2022년 7월 15일 초판 2022년 7월 15일 1쇄
발행인	(주)천재교육
주소	서울시 금천구 가산로9길 54
신고번호	제2001-000018호
고객센터	1577-0902

국가수준

학업성취도
평가

문제집 | Part 2

초 6

국어

영어

차례

국가수준
학업성취도 평가

국어

초등 6학년

학습 및 출제 범위

5학년 2학기 ~ 6학년 1학기

국어 1강 **개념 총정리** 5-2

개념 1 공감하며 대화하기

경청하기	• 주의를 기울여 ❶◻◻◻ 해서 듣기 • 맞장구치기, 상대의 말을 반복해 주기
처지를 바꾸어 생각하기	• 상대의 처지가 되어 생각하기 • 자신과 상대의 처지 비교하기
공감하며 말하기	• 상대의 ❷◻◻ 을 고려하여 말하기 • 자신의 잘못을 생각하며 말하기

답| ❶집중 ❷기분

보기

✓ 공감하며 말하기

 내가 너라도 많이 슬펐을 거야.

 다음에는 더 잘할 수 있을 거야. 힘내!

≫ 처지를 바꾸어 생각하기 ≫ 상대의 기분을 고려하여 말하기

개념 2 의견을 조정하는 순서

① 문제 파악하기	• 해결하려는 ❶◻◻ 를 파악하기 • 여러 사람의 다양한 의견 듣기
② 의견 실천에 필요 한 조건 따지기	• 자료를 찾아 의견 뒷받침하기 • 문제 해결에 적합한 의견인지 생각하기
③ 결과 예측하기	의견대로 ❷◻◻ 했을 때의 결과와 문제점 예측하기
④ 반응 살펴보기	토의 참여자의 생각을 듣고 어떤 의견을 더 따르고 싶어 하는지 살펴보기

답| ❶문제 ❷실천

보기

✓ 의견 실천에 필요한 조건 따지기

토의 주제: 미세 먼지 대처 방안

 교실마다 공기 청정기를 설치하자는 의견에 대해 어떻게 생각하십니까?

 공기 청정기를 설치하는 데 비용이 많이 들 수 있습니다.

≫ 의견대로 실천했을 때 어떠한 조건이나 문제가 있는지 생각해서 의견을 조정합니다.

개념 3 지식과 경험을 활용하여 읽기

① 글 내용과 관련된 나의 ❶◻◻ 을 떠올려 읽습니다.
② 글 내용에 대해 아는 내용을 떠올려 읽습니다.
③ 알고 있던 내용과 글 내용을 ❷◻◻ 하며 읽습니다.
④ 관련된 경험과 글 내용을 비교하며 읽습니다.
⑤ 지식이나 경험을 떠올려 글을 읽으면 글을 더 쉽게 이해할 수 있습니다.

답| ❶경험 ❷비교

보기

✓ 아는 내용과 글 내용을 비교하며 읽기

 영산 줄다리기에 대한 영상을 본 적이 있어서 글을 이해하기가 쉽구나.

≫ 나의 경험과 글 내용을 비교하며 읽으면 글을 더 쉽게 이해할 수 있습니다.

확인 1-1

빈칸에 들어갈 알맞은 말은 어느 것입니까?
(   )

> 남의 감정, 의견, 주장에 대해 자신도 그렇다고 생각하며 느끼는 것을 [   ]이라고 합니다.

① 의견   ② 공감   ③ 주장

풀이 | 공감이란 상대의 ❶[   ]과 기분을 함께 느끼며 ❷[   ]하는 것을 말합니다.

답 | ❶ 감정 ❷ 이해

1-2 공감하며 말하는 방법입니다. 빈칸에 들어갈 말을 보기 에서 찾아 쓰시오.

> 보기
>
> | 기분 | 경청 | 처지 |

(1) 상대의 말을 (   )한다.
(2) 상대의 (   )에서 생각해 본다.
(3) 상대의 (   )을 고려하며 말한다.

확인 2-1

의견을 조정하는 과정을 순서대로 나열해 보시오.

> ㉠ 결과 예측하기
> ㉡ 문제 파악하기   ㉢ 반응 살펴보기
> ㉣ 의견 실천에 필요한 조건 따지기

㉡ → ㉣ → (   ) → (   )

풀이 | 문제를 파악하여 의견에 필요한 ❶[   ]을 생각하고 결과를 ❷[   ]한 뒤 의견에 대한 반응을 살펴봅니다.

답 | ❶ 조건 ❷ 예측

2-2 다음은 의견을 조정하는 과정 중 무엇에 대한 내용입니까?

> • 문제를 해결하기에 적합한 의견인지 생각해 본다.
> • 의견을 실천하려면 무엇이 필요한지 생각해 본다.

▶ 의견 실천에 필요한 (결과 / 조건) 따지기

확인 3-1

다음 글을 읽을 때 떠올리면 좋은 경험에 ○표 하시오.

> 줄다리기에 쓰이는 줄은 엄청나게 굵답니다. 옛날에는 어른이 줄 위에 걸터앉으면 발이 땅에 닿지 않을 정도였다고 해요.

(1) 양반들이 쓰던 갓을 본 경험 (   )
(2) 영산 줄다리기를 하는 모습을 본 경험 (   )

풀이 | 줄다리기에 쓰이는 줄에 관한 내용이므로 ❶[   ] 하는 모습을 본 ❷[   ]을 떠올리면 글에 흥미를 가지고 읽을 수 있습니다.

답 | ❶ 줄다리기 ❷ 경험

3-2 다음 글을 이해할 때 도움이 되는 지식은 무엇입니까? (   )

> 열로 데워진 공기와 출입구에서 들어오는 바깥의 더운 공기가 지붕의 구멍으로 빠져나가기 때문에 빙실 아래의 찬 공기가 오랫동안 머물 수 있어 얼음이 적게 녹는 것이다.

① 더운 공기는 위로 올라간다는 사실
② 자석은 같은 극끼리 밀어낸다는 사실
③ 나무는 공기를 깨끗하게 해 준다는 사실

국어

개념 4 겪은 일이 드러나게 글 쓰기

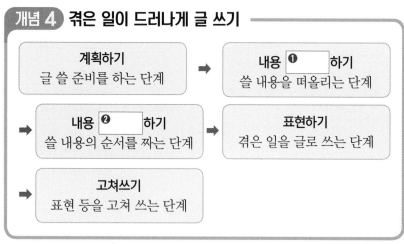

| 계획하기 | → | 내용 ❶ 하기 |
| 글 쓸 준비를 하는 단계 | | 쓸 내용을 떠올리는 단계 |

| 내용 ❷ 하기 | → | 표현하기 |
| 쓸 내용의 순서를 짜는 단계 | | 겪은 일을 글로 쓰는 단계 |

고쳐쓰기
표현 등을 고쳐 쓰는 단계

보기

✓ 내용 생성하기와 조직하기

내용 생성하기	• 글로 쓸 내용 떠올리기 • 인상적인 일, 흥미를 가진 일에 대해 떠올리기
▼	
내용 조직하기	• 일이 있었던 차례대로 순서를 짜기 • 처음, 가운데, 끝으로 나누어 순서 짜기

답 | ❶ 생성 ❷ 조직

개념 5 문장 성분의 호응

• 앞에 어떤 말이 오고 짝인 말이 뒤따라오는 것을 ❶ 이라고 합니다.

시간을 나타내는 말과 ❷ 의 호응	어제 박물관에 → 갔다
높임의 대상을 나타내는 말과 서술어의 호응	아버지께서 청소를 → 하신다
주어와 서술어의 호응	멀리 바다가 → 보였다
부정 서술어가 붙는 말의 호응	여간 재미있지 → 않다

보기

✓ 문장 성분의 호응이 어색한 문장 고치기

할머니께서 맛있는 떡을 주었다.
→ 주셨다

개구리가 뱀에게 먹었다.
→ 먹혔다

나는 절대 그 일을 하였다.
→ 하지 않았다

답 | ❶ 호응 ❷ 서술어

개념 6 모르는 낱말의 뜻을 짐작하며 읽기

① 뜻을 잘 모르는 낱말의 ❶ 상황을 살펴봅니다.
② 해당 낱말의 뜻과 비슷하거나 ❷ 인 낱말을 대신 넣어 봅니다.

우리 귀 건강에 가장 큰 걸림돌은 이어폰입니다.
→ '방해물', '장애물' 등으로 바꾸어 쓸 수 있음.

③ 낱말을 사용한 예를 떠올려 봅니다.

보기

✓ '뜬금없는'의 뜻 짐작하기

사오정이 뜬금없는 말로 우리에게 재미와 웃음을 주지만 …… 놓여 있습니다.

 '뜬금없는 말로 웃음을 준다'는 표현에서 '엉뚱하다'와 비슷한 뜻일 것 같아.

답 | ❶ 앞뒤 ❷ 반대

확인 4-1

겪은 일이 드러나게 글을 쓰는 순서대로 ㉠~㉤을 나열하시오.

> ㉠ 고쳐쓰기　　　　㉡ 표현하기
> ㉢ 계획하기　　　　㉣ 내용 생성하기
> ㉤ 내용 조직하기

㉢ → (　　　) → (　　　) → ㉡ → ㉠

풀이 | 계획을 짜고 쓸 내용을 떠올린 뒤(내용 **❶**　　하기) 글로 쓸 내용의 순서를 정하여(내용 **❷**　　하기) 씁니다.

답 | ❶ 생성 ❷ 조직

4-2 다음 과정에서 하는 일을 선으로 이으시오.

(1)	내용 생성하기	•	• ①	쓸 내용의 순서를 짠다.
(2)	내용 조직하기	•	• ②	글로 쓸 내용을 떠올린다.
(3)	표현하기	•	• ③	개요에 따라 직접 글을 쓴다.

확인 5-1

다음 문장이 어색한 까닭은 무엇입니까? (　　　)

> 아버지께서는 결코 거짓말을 하신다.

① '아버지'에 '께서'가 붙어서
② '결코'와 '하신다'가 어울리지 않아서
③ '결코'와 '거짓말을'이 어울리지 않아서

풀이 | '결코'는 부정을 나타내는 **❶**　　와 어울려 쓰이므로 '결코 ~ 하지 **❷**　　'로 고쳐야 자연스럽습니다.

답 | ❶ 서술어 ❷ 않으시다

5-2 다음 문장의 밑줄 그은 부분을 바르게 고친 것은 어느 것입니까? (　　　)

> 히루 종일 <u>바람과 비가 내렸다.</u>

① 바람과 비가 불었다
② 바람이 불고 비가 내렸다
③ 바람과 비와 천둥이 내렸다

확인 6-1

다음 글의 밑줄 그은 부분과 바꾸어 써도 뜻이 자연스러운 낱말은 어느 것입니까?

> 선생님은 성격이 아주 <u>깐깐해서</u> 어떤 일도 대충 넘어가는 법이 없다. 인사를 안 하고 지나치면 바로 야단을 치신다.

(다정해서 / 까다로워서)

풀이 | 사소한 **❶**　　도 지나치지 않을 만큼 **❷**　　, 빈틈이 없는 성격을 뜻하는 말로 짐작할 수 있습니다.

답 | ❶ 실수 ❷ 예민하고

6-2 다음 글에서 짐작할 수 있는 '난청'의 뜻으로 알맞은 것은 어느 것입니까? (　　　)

> 소리가 잘 들리지 않으면 '최소 난청'이지만 귀 건강이 더 나빠지면 '전음성 난청'이 됩니다.

① 몸의 체력이 많이 떨어지는 상태
② 글을 읽는 능력이 떨어지는 상태
③ 소리를 듣는 능력이 떨어지는 상태

체크 1-1 지식이나 경험을 떠올려 글 읽기

민지가 글을 읽은 방법은 무엇입니까?

> 민지: 풍물놀이도 풍년을 기원하며 많이 해 왔다고 배웠어. 그래서 줄다리기를 하는 까닭에 대해 잘 이해할 수 있었어.

→ (상상 / 지식)이나 경험을 떠올려 읽었다.

도움말
글과 관련된 지식이나 경험을 떠올려 글을 읽으면 글 내용을 깊이 이해할 수 있습니다.

1-2

다음은 지식이나 경험을 떠올려 글을 읽으면 좋은 점입니다. 빈칸에 들어갈 알맞은 말은 무엇입니까? (   )

- 글 내용을 쉽게 이해할 수 있다.
- 글 내용에 흥미를 느끼게 된다.
- 글 내용을 깊이 이해할 수 있다.
- 이미 아는 내용과 [   ]하며 글을 읽을 수 있다.

① 추측   ② 비교   ③ 상상

체크 2-1 체험한 일에 대해 글 쓰기

체험한 일에 대해 글을 쓰는 방법입니다. 빈칸에 들어갈 알맞은 말은 무엇입니까? (   )

> 인상 깊은 체험 떠올리기 → 체험과 [   ]의 내용 정리하기 → 글 쓰기

① 지식   ② 감상   ③ 경험

도움말
체험한 일에 대해 글을 쓸 때는 인상 깊은 체험을 떠올리고, 체험과 감상의 내용이 잘 드러나게 글을 써야 합니다.

2-2

체험과 감상에 해당하는 문장을 찾아 선으로 이으시오.

(1) 체험 •

(2) 감상 •

• ① 전통적인 유물과 이를 현대적으로 해석한 현대 작가의 작품을 만날 수 있었다.

• ② 한글을 더 생생하고 자세하게 배우는 소중한 기회를 얻어서 무척 뿌듯했다.

체크 3-1 토론 절차와 방법

빈칸에 들어갈 토론 절차는 무엇입니까? (   )

> 주장 펼치기 → [   ] → 주장 다지기

① 토의하기   ② 반론하기   ③ 자료 준비

도움말
토론은 자신들의 주장을 펼치고, 상대의 주장을 반박하며, 자신들의 주장을 다지는 순서로 이루어집니다.

3-2

토론 절차 중 '반론하기'에서 주로 하는 일은 무엇입니까?
(   )

① 토론에서 처음으로 자신의 주장을 말한다.
② 다시 한 번 자신의 주장과 근거가 옳다는 것을 강조한다.
③ 상대편 주장이 타당하지 않다는 것을 밝히기 위한 질문을 한다.

체크 4-1 호응 관계가 알맞은 문장 쓰기

다음 시간 표현과 호응 관계가 알맞은 것을 찾아 선으로 이으시오.

내일 •

・① 친구를 만나고 있어.

・② 친구를 만날 거야.

도움말

내일은 미래를 나타내는 시간 표현이므로 서술어도 미래에 어울리는 표현이 와야 합니다.

4-2

다음 문장의 앞부분과 자연스럽게 이어지는 뒷부분을 찾아 선으로 이으시오.

홀로 핀 꽃이 여간 •

① 예쁘다.

② 예쁠 것이다.

③ 예쁘지 않다.

국어

체크 5-1 글을 읽고 요약하기

글을 읽고 요약하는 방법입니다. 밑줄 그은 부분에 들어갈 알맞은 말을 보기 에서 찾아 쓰시오.

보기

삭제   글쓴이   중심 내용

(1) 문단의 _____ 을 찾는다.

(2) 사소한 내용은 _____ 하고 중요한 내용만 간추린다.

도움말

글을 요약할 때에는 글의 중요한 내용이 잘 드러나게 간추리는 것이 중요합니다.

5-2

다음 글을 요약하였습니다. 빈칸에 들어갈 알맞은 말은 무엇입니까? (   )

사람들은 많은 물건을 한꺼번에 나르려고 바구니를 이용한다. 그렇다면 동물들은 한꺼번에 먹이를 나르려고 무엇을 이용할까?
다람쥐는 볼주머니를 이용한다. 볼주머니는 입 안 좌우에 있는 큰 주머니를 말한다.

[요약] 다람쥐는 먹이를 나를 때 [   ]를 이용한다.

① 바구니   ② 주머니   ③ 볼주머니

체크 6-1 조사 방법의 종류와 특징

조사 방법 중 면담의 장점은 무엇입니까? (   )

① 시간이 적게 걸린다.

② 자세한 정보를 수집할 수 있다.

③ 집에서도 쉽게 정보를 찾을 수 있다.

도움말

대상을 직접 만나는 조사 방법은 자세한 정보를 얻을 수 있지만 준비 과정이 필요합니다.

6-2

다음 조사 방법의 특징을 선으로 이으시오.

(1) 관찰 •

・① 현장에서 조사 대상을 직접 파악할 수 있다.

(2) 설문지 •

・② 답한 내용 외에는 자세한 내용을 알기 어렵다.

개념 1 비유하는 표현

① 어떤 현상이나 사물을 비슷한 현상이나 사물에 빗대어 표현하는 것을 비유하는 표현이라고 합니다.

② 비유하는 표현은 대상 하나를 다른 대상에 빗대어 표현하기 때문에 두 대상 사이에는 **❶** [   ] 이 있습니다.

③ 비유하는 표현 방법

은유법	'~은/는 ~이다'로 빗대어 표현하는 방법
직유법	'~같이', '~처럼', '~듯이'와 같은 말을 써서 두 대상을 **❷** [ ] 견주어 표현하는 방법

답 | ❶ 공통점 ❷ 직접

보기

◎ 시에 나타난 비유하는 표현

아기 손 씻던 세숫대야 바닥은

도당도당 도당당 작은북이 된다.

≫ 세숫대야 바닥을 작은북에 비유하였습니다.

개념 2 이야기 구조

발단	이야기의 **❶** [ ] 이 시작되는 부분
전개	사건이 본격적으로 발생하고 갈등이 일어나는 부분
절정	사건 속의 **❷** [ ] 이 커지면서 긴장감이 가장 높아지는 부분
결말	사건이 해결되는 부분

답 | ❶ 사건 ❷ 갈등

보기

◎ 결말 부분의 내용

≫ 이야기 「저승에 있는 곳간」의 결말 부분에서는 덕진이 원님에게 받은 쌀로 마을 앞을 가로지르는 강가에 다리를 놓으면서 사건이 해결됩니다.

개념 3 이야기를 요약하는 방법

① 이야기 구조를 생각하며 각 부분에서 중요한 **❶** [   ] 이 무엇인지 찾습니다.

② 이야기 흐름에서 중요하지 않은 내용은 삭제하거나 간단히 씁니다.

③ 중요한 사건이 일어난 원인과 그에 따른 **❷** [   ] 를 찾습니다.

④ 여러 사건이 관련 있을 때에는 관련 있는 사건은 하나로 묶습니다.

답 | ❶ 사건 ❷ 결과

보기

◎ 이야기 구조에 따라 요약하기

≫ 이야기 「우주 호텔」의 절정 부분에서는 종이 할머니가 메이가 그린 우주 그림을 본 것이 원인이 되어 어릴 적 꿈을 떠올리는 결과가 나타납니다.

확인 1-1

다음 표현을 보고 빈칸에 들어갈 말을 |보기|에서 찾아 쓰시오.

> 마음이 호수같이 맑아요.

┌─보기─────────────────────┐
마음   맑다   호수
└──────────────────────────┘

(1) 대상: (   )
(2) 비유하는 표현: (   )
(3) 공통점: (   )

풀이 | ❶ 을 ❷ 에 빗대어 표현하였습니다.

답 | ❶마음 ❷호수

1-2 비유하는 표현 방법이 나머지 둘과 <u>다른</u> 하나는 무엇입니까? (   )

① 어머니 마음은 난로이다.
② 수박이 설탕같이 달콤하다.
③ 꽃처럼 아름다운 우리 가족은 언제나 밝게 웃어요.

확인 2-1

다음 이야기 구조에는 어떤 내용이 들어가는지 바르게 연결하시오.

(1) 발단 •   • ㉠ 사건이 해결됨.

(2) 결말 •   • ㉡ 사건이 시작됨.

풀이 | 이야기의 ❶ 을 발단이라고 하고, ❷ 부분을 결말이라고 합니다.

답 | ❶처음 ❷끝

2-2 빈칸에 알맞은 말을 |보기|에서 찾아 쓰시오.

┌─보기─────────────────────┐
갈등   전개   절정
└──────────────────────────┘

(1) (   )는 사건이 본격적으로 발생하고 (   )이 일어나는 부분이다.
(2) (   )은 사건 속의 갈등이 커지면서 긴장감이 가장 높아지는 부분이다.

확인 3-1

여러 사건이 관련 있을 때에 이야기를 요약하는 방법은 무엇입니까? (   )

① 관련 있는 사건을 하나로 묶는다.
② 관련 있는 사건에서 결과만 찾는다.
③ 관련 있는 사건에서 사건의 내용이 긴 것만 남긴다.

풀이 | 이야기를 ❶ 하는 것은 ❷ 내용만을 정리해서 간단하게 만드는 것입니다.

답 | ❶요약 ❷중심

3-2 이야기를 요약하는 방법입니다. 빈칸에 알맞은 말을 |보기|에서 찾아 쓰시오.

┌─보기─────────────────────┐
삭제   원인   이야기 구조
└──────────────────────────┘

(1) (   )를 생각하며 각 부분에서 중요한 사건이 무엇인지 찾는다.
(2) 이야기 흐름에서 중요하지 않은 내용은 (   )하거나 간단히 쓴다.

개념 4 자료의 특성

표	① 여러 가지 자료의 **❶**[ ]을 비교하기 쉽습니다. ② 많은 양의 자료를 간단하게 나타낼 수 있습니다.
사진	① 설명하는 대상의 정확한 모습을 보여 줄 수 있습니다. ② 설명하는 대상을 한눈에 보여 줄 수 있습니다.
도표	① 수량의 변화 정도를 알 수 있습니다. ② 정확한 수치를 나타낼 수 있습니다.
❷[ ]	① 대상이 움직이는 모습을 생생하게 전달할 수 있습니다. ② 음악이나 자막을 넣어 분위기를 잘 전달할 수 있습니다.

답 | ❶ 수량 ❷ 동영상

보기

✓ 다양한 자료

우리 반 친구들이 좋아하는 운동

종목	축구	배드 민턴	줄넘기	합계
인원 (명)	10	5	8	23

▲ 표   ▲ 동영상

≫ 자료를 활용하여 말하면 정보를 효과적으로 전달할 수 있습니다.

개념 5 논설문의 특성

① 논설문의 내용

주장: 문제 상황을 해결할 수 있는 글쓴이의 **❶**[ ] ———— **근거**: 주장을 뒷받침하는 내용

② 논설문의 짜임

서론	글을 쓴 문제 상황과 글쓴이의 주장을 밝힙니다.
본론	글쓴이의 **❷**[ ]에 대한 적절한 근거를 제시합니다.
결론	글 내용을 요약하기도 하고 글쓴이의 주장을 다시 한번 강조할 수도 있습니다.

답 | ❶ 의견 ❷ 주장

보기

✓ 논설문의 짜임에 맞게 정리하기

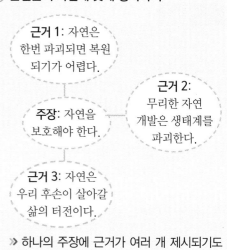

근거 1: 자연은 한번 파괴되면 복원되기가 어렵다.

근거 2: 무리한 자연 개발은 생태계를 파괴한다.

주장: 자연을 보호해야 한다.

근거 3: 자연은 우리 후손이 살아갈 삶의 터전이다.

≫ 하나의 주장에 근거가 여러 개 제시되기도 합니다.

개념 6 속담

속담의 뜻	예로부터 민간에 전해 오는 쉬운 격언이나 잠언으로 우리 민족의 지혜와 해학, 교훈이 담겨 있습니다.
속담을 사용하면 좋은 점	① 듣는 사람이 흥미를 느낄 수 있습니다. ② 조상의 **❶**[ ]와 슬기를 알 수 있습니다. ③ 자신의 의견을 쉽고 효과적으로 전달할 수 있습니다. ④ 주장의 논리를 뒷받침해 상대를 쉽게 **❷**[ ]할 수 있습니다.

답 | ❶ 지혜 ❷ 설득

보기

✓ 속담을 사용하여 말하기

윤경아, 내가 청소 도와줄게.

"바늘 가는 데 실 간다."라고 했어. 우리는 짝이니까 함께하자.

우진아, 괜찮아. 혼자서도 할 수 있어.

재미있는 말이네. 고마워!

≫ 속담을 사용하여 말을 하면 듣는 사람이 재미있게 받아들일 수 있습니다.

확인 4-1

여행지를 소개할 때 활용할 수 있는 자료를 알맞게 이으시오.

(1) 여행지의 자연환경 • • ① 사진

(2) 여행지까지 가는 길 • • ② 지도

풀이 | ❶ 를 보면 어떤 곳의 위치를 쉽게 알 수 있고, ❷ 을 통해 모습을 볼 수 있습니다.

답 | ❶ 지도 ❷ 사진

4-2 다음 말할 내용에 알맞은 자료는 무엇입니까?
( )

과거의 직업인 보부상의 모습

① 표 ② 도표 ③ 동영상

확인 5-1

다음 내용이 주장이면 '주장', 근거이면 '근거'라고 쓰시오.

(1) 동물원이 있어야 한다. ( )
(2) 동물원은 동물을 보호해 준다. ( )

풀이 | ❶ 은 어떤 문제 상황에 대한 글쓴이의 생각이고, ❷ 는 주장을 뒷받침하는 것입니다.

답 | ❶ 주장 ❷ 근거

5-2 다음 빈칸에 알맞은 말을 보기 에서 찾아 쓰시오.

보기
서론 본론 결론

(1) ( )에서는 글쓴이의 주장에 적절한 근거를 제시한다.
(2) ( )에서는 글쓴이가 글을 쓴 문제 상황과 글쓴이의 주장을 밝힌다.

확인 6-1

다음에서 밑줄 그은 속담의 뜻은 무엇이겠습니까?
( )

"백지장도 맞들면 낫다."라는 말이 있는데, 친구들과 함께 청소하니 쉬웠어요.

① 친구끼리 아주 사이가 좋다.
② 쉬운 일이라도 협력해서 하면 훨씬 쉽다.
③ 자기주장만 내세우면 일이 제대로 안 된다.

풀이 | 속담의 뒤에 나오는 친구들과 ❶ 청소해서 ❷ 는 내용으로 속담의 뜻을 짐작할 수 있습니다.

답 | ❶ 함께 ❷ 쉬웠다

6-2 다음과 같은 상황에서 쓸 수 있는 속담으로 알맞은 것은 무엇입니까? ( )

일 년 동안 모은 동전이 20만 원이나 될 때

① 티끌 모아 태산
② 소 잃고 외양간 고친다
③ 하룻강아지 범 무서운 줄 모른다

국어

체크 1-1 비유한 까닭 알기

다음 시에서 '친구'를 '바람'에 빗대어 표현한 까닭은 무엇입니까? (   )

> 풀잎하고 헤졌다가 되찾아 온 바람처럼
> 만나면 얼싸안는 바람, 바람 같은 친구 좋아.

① 만나면 얼싸안는 친구 같아서
② 만나면 기분이 좋아지는 친구 같아서
③ 헤어질 때 또 만나자고 손 흔드는 친구 같아서

도움말
풀잎하고 헤어졌다가 되찾아 온 바람의 모습이 친구와 비슷합니다.

1-2

다음 시에 대한 설명으로 알맞지 <u>않은</u> 것은 무엇입니까?
(   )

> **봄비**
> 해님만큼이나
> 큰 은혜로
> 내리는 교향악

① 직유법이 사용되었다.
② '봄비 내리는 소리'를 '교향악'에 빗대어 표현하였다.
③ '봄비 내리는 소리'와 '교향악'은 여러 가지 소리가 섞여 있는 것이 비슷하다.

체크 2-1 이야기 구조

이야기 구조의 순서로 알맞은 것은 무엇입니까? (   )

① 결말-발단-전개-절정
② 발단-전개-절정-결말
③ 전개-발단-결말-절정

도움말
사건이 시작되어 해결되기까지의 과정입니다.

2-2

다음과 같은 이야기 구조의 부분은 어디입니까? (   )

> 이야기에서 주인공의 소망이 이루어지고 이야기가 마무리되는 부분, 즉 사건이 해결되는 부분.

① 결말   ② 발단   ③ 전개   ④ 절정

체크 3-1 이야기를 요약하는 방법

이야기를 요약하는 방법으로 알맞지 <u>않은</u> 것은 무엇입니까? (   )

① 중요한 사건의 원인과 결과를 찾는다.
② 이야기 구조의 각 부분에서 중요한 사건을 찾는다.
③ 이야기 흐름에서 중요하지 않은 내용은 하나로 묶는다.

도움말
이야기 구조에 따라 중요한 사건만 정리하는 것이 요약입니다.

3-2

다음 밑줄 그은 부분에서 사건의 중심 내용을 어떻게 요약하였습니까? (   )

> 저승에 간 원님이 염라대왕에게 이승에서 좀 더 살게 해 달라고 간청하자 염라대왕은 원님을 저승사자에게 돌려보냈고, 저승사자는 원님에게 수고비를 내놓으라고 함.

① 사건의 원인 찾기
② 중요하지 않은 내용 삭제하기
③ 관련 있는 사건은 하나로 묶기

체크 4-1 자료를 활용해서 말하면 좋은 점

자료를 활용해서 말하면 좋은 점으로 알맞지 <u>않은</u> 것은 무엇입니까? (   )

① 듣는 사람이 더 잘 이해할 수 있다.
② 정보를 효과적으로 전달할 수 있다.
③ 말하려는 내용을 길고 복잡하게 전달할 수 있다.

도움말

말하기의 목적은 듣는 사람에게 정보나 감정을 효과적으로 전달하는 것입니다.

4-2

자료를 활용할 때에 주의할 점으로 알맞지 <u>않은</u> 것은 무엇입니까? (   )

① 자료가 너무 길지 않게 한다.
② 자료가 너무 복잡하지 않게 한다.
③ 자료를 가져온 곳을 밝히지 않는다.
④ 말하려는 내용에 알맞은 자료를 선택한다.

체크 5-1 논설문의 내용이 타당한지 판단하기

논설문을 읽고 내용이 타당한지 판단하는 방법으로 알맞은 것은 무엇입니까? (   )

① 근거가 주장과 관련 있는지 살펴본다.
② 주장에 대한 근거가 하나인지 살펴본다.
③ 주장이 비유적인 표현으로 나타났는지 살펴본다.

도움말

근거는 주장이 왜 옳은지를 나타내야 합니다.

5-2

다음은 논설문에서 쓰면 좋지 않은 표현입니다. 어떠한 표현인지 보기 에서 찾아 쓰시오.

보기

단정하는 표현   주관적인 표현

(1) 나는 자전거 타기보다 걷기를 더 좋아한다.

(   )

(2) 국립 공원에 절대로 케이블카를 설치해서는 안 된다.

(   )

체크 6-1 속담의 뜻 알기

다음 밑줄 그은 부분에 들어갈 속담으로 알맞은 것은 무엇입니까? (   )

수아: 피아노를 배우다 그만두고, 태권도도 힘들어 그만두고, 이제는 수영을 배우려고 해.
정우: _____는 말이 있듯이 이번에는 수영을 끝까지 배우면 좋겠어.

① 비 온 뒤에 땅이 굳어진다
② 우물을 파도 한 우물을 파라
③ 돌다리도 두들겨 보고 건너라

도움말

한 가지 일을 끝까지 해야 한다는 뜻의 속담을 말해야 합니다.

6-2

나머지 셋과 뜻이 <u>다른</u> 속담은 어느 것입니까? (   )

① 손이 많으면 일도 쉽다
② 목수가 많으면 집을 무너뜨린다
③ 사공이 많으면 배가 산으로 간다
④ 상좌가 많으면 가마솥을 깨뜨린다

개념 1 내용을 추론하는 방법

① 이야기에서 찾을 수 있는 단서를 확인합니다.

② 자신이 평소에 아는 사실과 **❶** 한 것을 떠올려 보고 무엇을 더 알 수 있는지 생각해 봅니다.

③ 글에 쓰인 다의어나 동형어가 어떤 뜻인지 정확히 이해하려면 **❷** 을 찾아봅니다.

④ 이야기의 특정 부분을 바탕으로 하여 알 수 있는 내용과 더 추론할 수 있는 사실을 살펴봅니다.

⑤ 글 내용을 바탕으로 하여 친구들과 함께 질문을 만들고 서로 묻거나 답해 봅니다.

답 | **❶** 경험 **❷** 국어사전

보기

✓ 글을 듣고 내용 추론하기

> 수원 화성은 …… 『화성성역의궤』를 보고 원래의 모습대로 다시 만들어졌단다. 덕분에 수원 화성이 1997년에 유네스코 세계 문화유산으로 등록될 수 있었어.

» 수원 화성은 세계적인 문화유산으로 인정받을 만큼 훌륭한 건축물이라고 추론할 수 있습니다.

개념 2 우리말 사용 실태 조사하여 발표하기

조사할 내용 생각하기	우리말 사용 실태를 찾아보고 조사할 내용을 생각함.
조사 계획 세우기	조사 날짜와 시간, 조사 장소, 준비물, 조사 방법, 조사 자료, 주의할 점을 정하여 **❶** 을 세움.
계획에 따라 조사하기	조사한 내용을 '조사 주제, 조사 내용, 조사 결과와 출처, 조사한 뒤 드는 생각이나 느낌' 부분으로 정리함.
조사한 내용 발표하기	• 듣는 사람이 이해하기 쉽도록 알맞은 목소리로 발표하고, 중요한 부분은 강조하며 발표함. • 발표 효과를 높이려면 사진이나 그림, 도표, 동영상 따위의 **❷** 를 사용함.

답 | **❶** 계획 **❷** 자료

보기

✓ 우리말 사용 실태에 대해 조사한 내용 발표하기

» 조사 계획에 따라 조사한 내용을 알맞게 정리하고, 자료를 사용하여 발표합니다.

개념 3 올바른 우리말 사용을 주제로 글 쓰기

① 글쓰기 목적에 맞는 **❶** 과 근거를 정합니다.

② 제목을 정하고 글로 쓸 내용을 '서론 – **❷** – 결론'의 짜임으로 정리합니다.

③ 올바른 우리말 사용을 주제로 글을 씁니다.

답 | **❶** 주장 **❷** 본론

보기

✓ 올바른 우리말 사용을 주제로 주장과 근거 정하기

주장	긍정하는 말과 고운 우리말을 사용하자.
근거	친구에게 긍정하는 말을 해 주니 좋은 일이 생겼다.

확인 1-1

㉠에서 추론할 수 있는 내용에 ○표를 하시오.

> 수원 화성은 정조 임금의 원대한 꿈이 담긴 곳으로 볼거리가 많아. 건물 하나만 보는 것보다는 주변 경치를 함께 감상하는 것이 더 좋아. ㉠정조 임금이 엄격하게 고른 좋은 자리에 지었으니까.

(1) 수원 화성은 복원된 건축물이다.　(　　)

(2) 정조 임금은 수원 화성을 건축하는 데 많은 관심을 가졌다.　(　　)

풀이 | ㉠을 통해 **❶** 　　 임금이 수원 화성의 **❷** 　　 에 관심이 많았다고 추론할 수 있습니다.

답 | ❶ 정조　❷ 건축

1-2 ㉠에서 추론한 내용을 정리하려고 합니다. 다음 중 알맞은 것에 ○표를 하시오.

> ㉠더 둘러보고 싶은 친구가 있다면 근처에 있는 융건릉과 용주사에 가 볼 것을 추천할게. 융건릉은 사도 세자의 무덤인 융릉과 정조 임금의 무덤인 건릉을 합쳐서 부르는 이름이고, 용주사는 사도 세자의 명복을 빌려고 지은 절이야.

▶ 융건릉과 용주사에도 볼거리가 (많다 , 적다).

확인 2-1

우리말 사용 실태를 조사하여 발표하려고 합니다. 가장 먼저 해야 할 일은 어느 것입니까? (　　)

① 조사 계획 세우기

② 조사할 내용 생각하기

③ 조사 계획에 따라 조사하기

풀이 | 먼저 조사할 **❶** 　　 을 생각하여 조사 계획을 세운 뒤, 계획에 따라 조사하고 정리한 내용을 **❷** 　　 합니다.

답 | ❶ 내용　❷ 발표

2-2 우리말 사용 실태를 조사하여 발표할 때, 다음은 어떤 과정에서 해야 할 일입니까? (　　)

> 조사 날짜와 시간, 조사 장소, 준비물, 조사 방법, 조사 자료, 주의할 점을 정함.

① 조사 계획 세우기

② 조사한 내용 발표하기

③ 조사할 내용 생각하기

확인 3-1

올바른 우리말 사용을 주제로 글을 쓸 때, 빈칸에 들어갈 말은 어느 것입니까? (　　)

> 글쓰기 목적에 맞는 [　　] 정하기 → 제목을 정하고 글로 쓸 내용을 짜임에 맞게 정리하기 → 올바른 우리말 사용을 주제로 글 쓰기

① 시간과 장소　② 주장과 근거　③ 인물과 성격

풀이 | 올바른 우리말 사용을 주제로 **❶** 　　 과 근거를 정하고 글의 **❷** 　　 과 짜임을 정리한 후 글을 씁니다.

답 | ❶ 주장　❷ 제목

3-2 올바른 우리말 사용을 주제로 글을 쓰려고 합니다. 다음 주장의 근거로 알맞은 것에 ○표를 하시오.

> 긍정하는 말과 고운 우리말을 사용하자.

(1) 줄임 말을 자주 사용하면 의사소통이 잘 되어서 좋다.　(　　)

(2) 긍정하는 말을 하면 말하는 사람은 물론이고 듣는 사람의 마음도 편안해진다.　(　　)

국어

개념 4 글의 주제에 대해 알아보기

글의 주제	글쓴이가 말하고자 하는 **①** .
글의 주제를 파악하는 방법	• 글의 제목을 살펴봄. • 중요한 **②** 을 살펴봄. • 중심 문장을 살펴봄.

답 | **①** 생각 **②** 낱말

보기

◇ 글을 읽고 주제 찾기

┌─ 중요한 낱말

나는 책에서 꿈을 찾았고 꿈을 이루는 방법까지 배웠으니 책이 주는 더 특별한 선물을 받은 거지.
　책이 주는 선물을 받고 싶니? 너희도 책을 읽어 봐. 　　　중심 문장 ─┘

》 글의 주제는 '책을 읽자.'입니다.

개념 5 인물이 추구하는 가치를 파악하는 방법

① 인물이 처한 **①** 을 떠올려 봅니다.
② 인물이 처한 상황에서 인물이 한 **②** 과 행동을 알아봅니다.
③ 인물이 처한 상황에서 그렇게 말하고 행동한 까닭을 생각해 봅니다.

 가치란 정의, 행복, 책임 따위를 통틀어 이르는 말로 사람이 어떤 행동이나 일을 선택하고 실천하는 데 바탕이 되는 생각인 가치관과 관련이 있어요.

답 | **①** 상황 **②** 말

보기

◇ 이순신이 추구하는 가치 파악하기

인물이 처한 상황	수군을 포기하고 육군으로 싸우라는 나라의 명을 받은 상황
인물의 말이나 행동	• 임금님께 글을 올림. • 12척의 배가 있으니 죽을힘을 다해 싸운다면 이길 수 있을 거라고 말함.

》 이순신은 어떤 고난도 포기하지 않고 극복하려는 의지를 추구합니다.

개념 6 마음을 나누는 글을 쓰는 방법

① 글을 쓰는 상황과 목적을 파악합니다.
② 읽을 사람과의 **①** 를 고려해서 표현합니다.
③ 나누려는 **②** 이 잘 드러나게 씁니다.
④ 내용과 짜임에 맞게 글을 씁니다.
⑤ 글을 쓰는 상황과 목적을 고려해서 글쓰기 계획을 세웁니다.

답 | **①** 관계 **②** 마음

보기

◇ 마음을 나누는 글을 쓰는 상황과 목적 파악하기

점심시간에 미역국을 엎질러서 지효 가방이 더러워졌어. 하지만 지효는 나를 이해해 주었지. 지효에게 미안한 마음과 고마운 마음을 나누는 글을 써 볼까?

개념 확인

확인 4-1

글의 주제를 알맞게 설명한 것에 ◯표를 하시오.

(1) 글쓴이가 말하고자 하는 생각이다. (　　　)

(2) 글의 중심 문장보다 뒷받침 문장에 잘 드러난다. (　　　)

풀이 | 글쓴이가 말하고자 하는 생각을 글의 **❶**　　　라고 하는데 글의 주제를 파악하기 위해서는 글의 제목, 중요한 낱말, **❷**　　　을 살펴보아야 합니다.

답 | ❶주제 ❷중심 문장

4-2 글의 주제를 파악하기 위해 살펴보아야 할 것이 아닌 것은 무엇입니까? (　　　)

① 제목

② 중심 문장

③ 중요하지 않은 낱말

확인 5-1

인물이 추구하는 가치를 파악하는 방법에 맞게 빈칸에 알맞은 말을 찾아 각각 선으로 이으시오.

(1) 인물이 처한 상황에서 인물이 한 말과 　　　을 알아봄. ・ ・① 까닭

(2) 인물이 처한 상황에서 그렇게 말하고 행동한 　　　을 생각해 봄. ・ ・② 행동

풀이 | 인물이 처한 **❶**　　　에서 인물이 한 말과 행동, 그렇게 말하고 행동한 **❷**　　　을 살펴보면 인물이 추구하는 가치를 파악할 수 있습니다.

답 | ❶상황 ❷까닭

5-2 '나'가 추구하는 가치로 알맞은 것에 ◯표를 하시오.

"그때부터 나는 재주를 한껏 발휘해 돈을 만들었단다. 부자들의 보물도 훔쳐 냈어. 버들이에게 오두막이 아닌 대궐 같은 기와집을 지어 주고 싶어서 말이야."

(1) 효 (　　　)　　　(2) 사랑 (　　　)

확인 6-1

다음은 마음을 나누는 글을 쓰는 방법입니다. 빈칸에 들어갈 낱말은 어느 것입니까? (　　　)

• 글을 쓰는 상황과 　　　 파악하기
• 내용과 짜임에 맞게 글 쓰기

① 결과　　　② 목적　　　③ 주장

풀이 | 마음을 나누는 글을 쓸 때에는 글을 쓰는 **❶**　　　과 목적을 파악하고, **❷**　　　과 짜임에 맞게 씁니다.

답 | ❶상황 ❷내용

6-2 마음을 나누는 글을 쓰는 방법에 맞게 알맞은 것끼리 각각 선으로 이으시오.

(1) 나누려는 ・ ・① 관계를 고려해서 표현하기

(2) 읽을 사람과의 ・ ・② 마음이 잘 드러나게 쓰기

국어

체크 1-1 다의어와 동형어 알아보기

국어사전에서 찾은 다음 낱말에 대한 설명으로 알맞은 것을 모두 고르시오. (   )

> **쌓다**
> 1. 여러 개의 물건을 겹겹이 포개어 얹어 놓다.
> 2. 물건을 차곡차곡 포개어 얹어서 구조물을 이루다.
>
> **감상¹**
> 하찮은 일에도 쓸쓸하고 슬퍼져서 마음이 상함. 또는 그런 마음.
> **감상²**
> 주로 예술 작품을 이해하여 즐기고 평가함.

① '쌓다'는 다의어이다.
② '감상'은 동형어이다.
③ '쌓다'에는 한 가지 뜻만 있다.

> **도움말**
> 여러 가지 뜻이 있는 낱말은 다의어라고 하고, 형태가 같지만 뜻이 다른 낱말은 동형어라고 합니다.

1-2

㉠을 국어사전에서 찾아본 것입니다. ㉠에 대한 설명으로 알맞은 것은 어느 것입니까? (   )

> 융건릉은 사도 세자의 무덤인 융릉과 정조 임금의 무덤인 건릉을 합쳐서 ㉠부르는 이름이고, 용주사는 사도 세자의 명복을 빌려고 지은 절이야.
>
> | 국어사전 |
> | --- |
>
> **부르다¹**
> 무엇이라고 가리켜 말하거나 이름을 붙이다.
> **부르다²**
> 먹은 것이 많아 속이 꽉 찬 느낌이 들다.

① ㉠은 동형어가 아니다.
② ㉠은 '부르다²'의 뜻으로 사용되었다.
③ ㉠은 '할머니께서는 나를 강아지라고 부르신다.'에서의 '부르다'와 같은 뜻으로 쓰였다.

체크 2-1 낱말의 뜻을 추론하는 방법

정아가 글에서 모르는 낱말의 뜻을 추론한 방법으로 알맞은 것은 어느 것입니까? (   )

> 정아: '즉위식'의 낱말 앞에 '왕의'라고 되어 있고, 낱말 뒤에 '왕실의 혼례식, 외국 사신과의 만남과 같은 나라의 중요한 행사'라고 했으므로 '즉위식'은 왕위에 오르는 식일 것 같아.

① 낱말의 짜임을 생각해 보았다.
② 낱말의 앞뒤 부분을 살펴보았다.
③ 낱말이 어떻게 생겨났을지 떠올려 보았다.

> **도움말**
> 글에서 뜻을 알지 못하는 낱말은 그 낱말의 앞뒤 문장을 바탕으로 하여 뜻을 추론할 수 있습니다.

2-2

㉠의 뜻을 알맞게 추론하여 쓴 것은 어느 것입니까?
(   )

> 선조가 죽고 광해군이 왕위에 오른 뒤에 이 행궁을 경운궁이라고 했다. 그러다가 조선 왕조 말기에 고종이 강한 나라들의 정치적 ㉠소용돌이에 휘말리면서 거처를 경운궁으로 옮긴 뒤, 비로소 궁궐다운 모습을 갖추었다.

① 서로 엉켜 혼란스러운 상태
② 임금이 나들이 때에 머물던 궁궐
③ 일정하게 자리를 잡고 사는 장소

체크 3-1 사례를 보고 우리말 사용 실태 알아보기

다음 사례에서 학생들이 많이 사용하여 문제가 되고 있는 것은 어느 것입니까? (   )

> 초등학교 교실을 찾아 그들이 아는 욕설을 적어 보도록 했습니다.
> 그 결과, 절반 가까운 학생이 욕을 열 개 이상 버릇처럼 사용하고, 서른 개 이상 사용하는 아이도 있었습니다.

① 욕   ② 외국어   ③ 줄임 말

도움말

사례를 읽고 학생들에게 조사한 내용은 무엇인지, 조사 결과는 어떠한지 살펴봅니다.

3-2

다음 사례에 나타난 문제점으로 알맞은 것은 어느 것입니까? (   )

① 국어보다 외국어 수업 시간이 많다.
② 비속어를 사용하며 서로 비난하는 말을 한다.
③ 줄임 말을 너무 많이 사용하여 의사소통이 잘 되지 않는다.

체크 4-1 인물의 가치와 자신의 삶 관련짓기

인물이 추구하는 가치를 자신의 삶과 관련짓기 위해 한 일로 알맞지 <u>않은</u> 것은 무엇입니까? (   )

① 인물과 자신의 삶을 비교해 보았다.
② 이야기에 등장하는 인물의 수를 세어 보았다.
③ 이야기와 관련한 자신의 경험을 생각해 보았다.

도움말

인물이 추구하는 가치를 자신의 삶과 관련짓는 여러 가지 방법을 생각해 봅니다.

4-2

승수가 인물이 추구하는 가치를 자신의 삶과 관련지은 방법에 맞게 알맞은 말에 ○표를 하시오.

> 승수: 왕가리 마타이처럼 자신뿐 아니라 모두의 이익과 행복을 추구하는 부모님께 감사해. 그리고 그동안 나는 어떤 사람이었는지 되돌아보게 돼.

▶ 인물과 자신의 삶을 (행동 , 비교 , 해결)해 보고 느낀 점을 생각해 보았다.

체크 5-1 마음을 나누는 글에 쓸 내용 계획하기

마음을 나누는 글에 쓸 내용으로 알맞지 <u>않은</u> 것은 무엇입니까? (   )

① 장래 희망
② 일어난 사건
③ 나누려는 마음

도움말

일어난 사건, 일어난 사건에 대한 자신의 생각이나 행동, 나누려는 마음 등의 내용을 생각하며 글을 쓸 계획을 세웁니다.

5-2

마음을 나누는 글에 쓸 내용을 정리한 것입니다. 다음 중 나누려는 마음에 대해 쓴 것은 어느 것입니까? (   )

①	점심시간에 미역국을 엎질러 친구 가방이 더러워진 일
②	• 너무 당황해서 친구에게 미안하다는 말을 못 함. • 친구가 오히려 걱정해 주어서 감동받음.
③	미안한 마음, 고마운 마음

1번~4번 문제는 듣고 푸는 문제입니다. 들려주는 내용을 잘 듣고 물음에 답하기 바랍니다. 내용은 한 번만 들려줍니다.

듣기평가

[1~2] 들려주는 내용을 잘 듣고 두 물음에 답하시오.

교과 과정 5학년 2학기

1 (물음) 토론에서 토론자들이 하고 있는 일은 무엇입니까? (　　　)

① 토론 주제를 정하였다.
② 근거를 들어 주장을 펼쳤다.
③ 상대편의 주장에 반론을 제시하였다.

교과 과정 5학년 2학기

2 (물음) 토론의 내용을 정리한 것으로 알맞지 <u>않은</u> 것은 어느 것입니까? (　　　)

찬성편	주장	① 학급 임원은 반드시 필요하다.
	근거	② 실제로 학생 대표가 학교 생활에 많은 역할을 한다. ③ 학급 임원을 뽑는 기준이 올바르다고 보기 어렵다.
반대편	주장	학급 임원 제도는 반드시 필요하다고 할 수 없다.
	근거	④ 학생들 간 동등한 관계에 부정적인 영향을 끼친다.

[3~4] 들려주는 내용을 잘 듣고 두 물음에 답하시오.

교과 과정 6학년 1학기

3 (물음) 대한이네 모둠의 발표 주제는 무엇입니까?

• 미래에는 어떤 (　　　　　　　)가 필요할까

교과 과정 6학년 1학기

4 (물음) 대한이네 모둠은 미래의 인재에게 가장 중요한 것이 무엇이라고 생각하였습니까? (　　　)

① 창의성
② 주인 의식
③ 원칙과 신뢰
④ 계속 배우려는 의지

듣기평가 문제종료 1번~4번까지 듣기 문제가 끝났습니다. 5번~20번까지는 읽고 푸는 문제입니다.

[5~6] 다음 글을 읽고 물음에 답하시오.

　　보물 제66호인 경주 석빙고는 1738년에 만들었으며, 입구에서부터 점점 깊어져 창고 안은 길이 14미터, 너비 6미터, 높이 5.4미터이다. 석빙고는 온도 변화가 적은 반지하 구조로 한쪽이 긴 흙무덤 모양이며, 바깥 공기가 들어오지 않도록 출입구의 동쪽은 담으로 막고 지붕에는 구멍을 뚫었다.

　　지붕은 이중 구조인데 바깥쪽은 열을 효과적으로 막아 주는 진흙으로, 안쪽은 열전달이 잘되는 화강암으로 만들었다. 천장은 반원형으로 기둥 다섯 개에 장대석이 걸쳐 있고, 장대석을 걸친 곳에는 밖으로 통하는 공기구멍이 세 개가 나 있다. 이 구멍은 아래쪽이 넓고 위쪽은 좁은 직사각형 기둥 모양인데, 이렇게 함으로써 바깥에서 바람이 불 때 빙실 안의 공기가 잘 빠져나온다. 즉, ㉠<u>열로 데워진 공기와 출입구에서 들어오는 바깥의 더운 공기가 지붕의 구멍으로 빠져나가기 때문에 빙실 아래의 찬 공기가 오랫동안 머물 수 있어 얼음이 적게 녹는 것이다.</u> 또한 지붕에는 잔디를 심어 태양열을 차단했고, 내부 바닥 한 가운데에 배수로를 경사지게 파서 얼음에서 녹은 물이 밖으로 흘러 나갈 수 있는 구조를 갖추어 과학적이다.

교과 과정 5학년 2학기

5 경주 석빙고가 과학적이라고 말할 수 있는 까닭이 <u>아닌</u> 것은 어느 것입니까? (　　　　)

① 지붕에 잔디를 심어 태양열을 차단했다.

② 더운 공기가 빠져나가도록 지붕에 구멍이 있다.

③ 얼음에서 녹은 물은 배수로를 통해 흘러 나간다.

④ 기둥 다섯 개에는 아름다운 무늬가 새겨져 있다.

교과 과정 5학년 2학기

6 ㉠을 잘 이해한 그림은 ㈎와 ㈏ 중 무엇입니까?

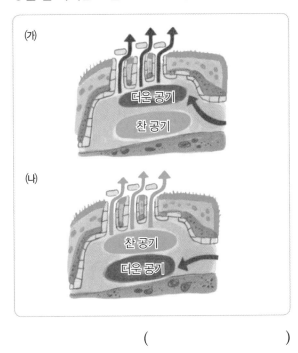

（　　　　　　　　）

교과 과정 5학년 2학기

7 다음 문장을 자연스럽게 고쳐 쓴 것으로 바르지 <u>않은</u> 것은 어느 것입니까? (　　　　)

> 동생과 둘이서만 하루를 함께 지내는 것은 여간 어려운 일이다.

① 동생과 둘이서만 하루를 함께 지내는 것은 무척 어려운 일이다.

② 동생과 둘이서만 하루를 함께 지내는 것은 그다지 어려운 일이다.

③ 동생과 둘이서만 하루를 함께 지내는 것은 여간 어려운 일이 아니다.

교과 과정 5학년 2학기

8 다음과 같은 매체 자료를 읽는 방법으로 알맞은 것은 어느 것입니까? (　　　)

① 그림이나 사진만 살펴보면 된다.

② 글의 내용만 자세하게 살펴보는 것이 좋다.

③ 화면 구성을 잘 살피고 소리에 담긴 정보도 탐색한다.

교과 과정 5학년 2학기

9 다음 글에서 ㉠ '만만하게'의 뜻을 바르게 짐작한 것은 어느 것입니까? (　　　)

> 켈러 선생님은 특유의 진한 미국 남부 지방 억양으로 말을 이어 나갔다.
> "이 수업을 ㉠만만하게 생각했다면 지금 당장 저 문으로 나가도록. 보잘것없이 짧은 너희의 인생 경험으로는 상상도 못 할 정도로 힘들 테니까. 아마 이 수업을 끝까지 따라오지 못하는 학생들도 나오겠지."

① 몹시 어렵게

② 넉넉하고 충분하게

③ 매우 중요하고 크게

④ 쉽게 다루거나 대할 만하게

신경향

교과 과정 5학년 2학기

10 다음 글은 어떤 틀에 요약할 수 있습니까? (　　　)

> 사람들은 많은 물건을 한꺼번에 나르려고 바구니를 이용한다. 그렇다면 동물들은 한꺼번에 먹이를 나르려고 무엇을 이용할까?
> 다람쥐는 볼주머니를 이용한다. 볼주머니는 입안 좌우에 있는 큰 주머니를 말한다. 다람쥐는 먹이를 입에 넣은 다음 볼에 차곡차곡 담는데 밤처럼 너무 큰 먹이는 이빨로 잘라서 넣기도 한다. 다람쥐의 경우 도토리 같은 열매 열 개 이상을 볼주머니에 잠시 저장할 수 있다.
> 원숭이도 볼주머니가 있다. 원숭이의 볼주머니에는 사과 한 개 정도가 들어갈 수 있는 공간이 있다. 원숭이는 먹이를 발견하면 대충 씹어 그곳에 잠시 저장한다. 그런 다음 다른 원숭이에게 먹이를 빼앗기지 않으려고 안전한 장소로 이동한 뒤 먹이를 조금씩 꺼내어 먹는다.

①

②

③

교과 과정 5학년 2학기

11 체험한 일을 떠올리며 글을 쓸 때 다음 문단은 글의 처음, 가운데, 끝 부분 중 어느 부분에 들어가는 것이 가장 어울립니까?

> 박물관을 관람하면서 책과 화면으로만 봤던 한글 유물을 직접 볼 수 있어서 신기하고 즐거웠다. 그뿐만 아니라 날마다 세 번씩 운영하는 해설이 있는 관람 프로그램을 활용하면 더 많은 지식을 쌓으며 관람할 수 있겠다는 생각이 들었다. 이번 관람으로 국어 시간에 배웠던 한글을 더 생생하고 자세하게 배우는 소중한 기회를 얻어서 무척 뿌듯했다.

(   ) 부분

교과 과정 5학년 2학기

12 다음 빈칸에 들어갈 수 <u>없는</u> 시간을 나타내는 말은 무엇입니까? (   )

> 나는 [　　　　　] 가족과 함께 놀이공원에 놀러 갈 것이다.

① 곧   ② 내일
③ 다음 주   ④ 어제저녁

[13~14] 다음 시를 읽고 물음에 답하시오.

> **봄비**
>
> 해님만큼이나
> 큰 은혜로
> 내리는 교향악
>
> 이 세상
> 모든 것이 다
> 악기가 된다.
>
> 달빛 내리던 지붕은
> 두둑 두드둑
> 큰북이 되고
>
> 아기 손 씻던
> 세숫대야 바닥은
>
> 도당도당 도당당
> 작은북이 된다.

교과 과정 6학년 1학기

13 이 시에서 '이 세상 모든 것'을 무엇에 비유하였습니까?

(   )

교과 과정 6학년 1학기

14 이 시에서 지붕을 큰북에 비유한 까닭은 무엇입니까? (   )

① 소리가 크기 때문에
② 소리가 작기 때문에
③ 모양이 둥글기 때문에
④ 여러 가지 소리가 나기 때문에

교과 과정 6학년 1학기

15 다음 문장을 논설문에 알맞은 표현으로 고쳐 쓴 것은 어느 것입니까? (   )

> 건강하려면 반드시 밖으로 나가 걸어야 한다.

① 건강하려면 밖으로 나가 걸읍시다.
② 건강하려면 무조건 밖으로 나가 걸어야 한다.
③ 건강하려면 밖으로 나가 걷는 것이 좋겠지만, 걷지 않아도 된다.

신유형

교과 과정 6학년 1학기

16 다음 그림을 보고 추론할 수 있는 내용을 잘못 말한 것은 어느 것입니까? (   )

① 몇몇은 부채를 들고 있는 것으로 보아 날씨가 더울 것이다.
② 경기하는 사람을 등지고 있는 엿장수는 씨름에 관심이 없는 것 같다.
③ 어른과 아이들이 앉아 있는 곳을 보니 아이들은 보면 안 되는 경기인 것 같다.

코딩

교과 과정 6학년 1학기

17 다음 글을 읽고 추론한 사실로 빈칸에 들어갈 알맞은 내용은 무엇입니까? (   )

> 궁궐에는 왕과 왕비뿐만 아니라 왕실의 가족과 관리, 군인, 내시, 나인 등 많은 사람이 살았다. 이 사람들은 각자 자신의 신분에 알맞은 건물에서 생활했고, 건물의 명칭 또한 주인의 신분에 따라 달랐다. 예컨대 궁궐에는 강녕전이나 교태전과 같이 '전' 자가 붙는 건물이 있는데, 이러한 건물에는 궁궐에서 가장 신분이 높은 왕과 왕비만 살 수 있었다. 왕실 가족이나 후궁들은 주로 '전'보다 한 단계 격이 낮은 '당' 자가 붙는 건물을 사용했다.

강녕전이나 교태전과 같이 '전' 자가 붙은 건물에는 궁궐에서 가장 신분이 높은 왕과 왕비만 살 수 있었다.	왕실 가족이나 후궁들은 '전'보다 한 단계 격이 낮은 '당' 자가 붙은 건물을 사용했다.

⬇   ⬇

각자의 신분에 알맞은 건물에서 생활했다.

⬇

추론한 사실

① 궁궐에는 많은 사람이 살았다.
② 궁궐에는 건물이 여러 개 있었다.
③ 조선 시대에는 신분에 따른 차이가 매우 명확했다.

교과 과정 6학년 1학기

18 다음 그림의 발표하는 친구에게 가장 알맞게 말한 것은 어느 것입니까? (   )

자료가 너무 복잡해.

① 한 번에 적절한 분량만 보여 줘야 해.

② 친구들의 시선을 끌기 위해 무조건 화려하게 꾸미는 게 좋아.

③ 많은 양의 자료를 보여 주는 게 듣는 사람이 더 쉽게 이해할 수 있어.

교과 과정 6학년 1학기

19 속담을 활용하여 말할 때 다음 빈칸에 들어갈 낱말은 무엇입니까?

> 영주네 가족은 이삿짐 싸는 차례를 서로 다르게 생각했어요.
>
> 할머니와 이모께서는 깨지기 쉬운 항아리나 유리그릇부터 싸라고 하셨고, 삼촌께서는 텔레비전이나 컴퓨터부터 옮기라고 하셨어요. "사공이 많으면 배가 [   ]으로 간다." 라는 속담처럼 서로 의견을 굽히지 않아 시간만 흘러갔어요.

(   )

교과 과정 6학년 1학기

20 다음 글을 읽고 알 수 있는 이순신이 추구하는 가치는 무엇입니까? (   )

> "우리는 모든 것이 적다. 무기도 적고, 군사도 적고, 배도 적다. 적은 것을 갑자기 늘릴 방법은 없다. 그러나 많아 보이게 할 수는 있을 것이다."
>
> 이순신은 우선 고기잡이배와 피난 가는 배들을 판옥선처럼 꾸미게 했습니다. 비록 실제로 싸울 수 있는 배는 먼저 구한 12척과 나중에 구한 1척, 이렇게 총 13척밖에 안 되었지만, 멀리서 보면 수십 척의 판옥선이 갖추어진 것처럼 보이게 한 것입니다.
>
> 이순신은 모든 준비를 끝낸 뒤 부하 장수들을 불러 모았습니다.
>
> "죽으려 하면 살고, 살려 하면 죽는다. 오늘 우리는 이 말처럼 죽기를 각오하고 싸워야 한다."
>
> 미침내 수많은 적선이 흐르는 물살을 타고 우리 수군 쪽으로 빠르게 쳐들어왔습니다. 그러나 이순신은 물살 방향이 조선 수군에게 유리해질 때까지 공격하지 못하게 했습니다. 드디어 물살 방향이 반대로 바뀌자 이순신은 일제히 공격하도록 지시했습니다.

① 이떤 상황에서도 정직한 생활을 추구한다.

② 어렵거나 잘되지 않는 일은 일찍 포기하는 것을 추구한다.

③ 어떤 고난도 포기하지 않고 극복하려는 의지를 추구한다.

국어

1번~4번 문제는 듣고 푸는 문제입니다. 들려주는 내용을 잘 듣고 물음에 답하기 바랍니다. 내용은 한 번만 들려줍니다.

 듣기평가

[1~2] 들려주는 내용을 잘 듣고 두 물음에 답하시오.

교과 과정 5학년 2학기

1 (물음) 이 대화에서 지윤이의 태도는 어떠합니까?
( )

① 명준이의 말을 끝까지 들었다.
② 명준이에게 공감하며 말하였다.
③ 명준이의 기분을 생각하며 말하였다.
④ 명준이가 말하는 내용에 관심을 가지지 않았다.

창의

교과 과정 5학년 2학기

2 (물음) 지윤이의 태도를 본 명준이의 기분은 어떠할지 알맞게 말한 사람은 누구입니까? ( )

① 지윤이의 처지를 잘 이해하게 되어 기뻤을 거야.
서윤

② 지윤이에게 무시당하는 것 같아 화가 났을 거야.
희수

③ 지윤이의 마음을 알게 되어 고마웠을 거야.
수혁

[3~4] 들려주는 내용을 잘 듣고 두 물음에 답하시오.

교과 과정 6학년 1학기

3 (물음) 수원 화성 근처에는 어떤 문화유산이 더 있다고 하였는지 두 가지를 고르시오. ( )

① 태릉   ② 선운사
③ 융건릉   ④ 용주사

코딩

교과 과정 6학년 1학기

4 (물음) 이 글의 내용을 추론한 방법은 무엇인지 빈칸에 들어갈 말을 보기 에서 찾아 쓰시오.

┌ 보기 ─────────────────
   상상   경험   단서
└────────────────────

| 일제 강점기를 거치면서 성곽 일대가 훼손되기 시작했다. | + | 6.25 전쟁 때 수원 화성이 크게 파괴되었다. |

↓

추론한 내용

수원 화성은 여러 위기를 거치면서 원래의 모습을 잃었다.

내용을 추론한 방법

이야기에서 찾을 수 있는 ☐☐☐ 확인하기

( )

듣기평가 문제종료   1번~4번까지 듣기 문제가 끝났습니다.
5번~20번까지는 읽고 푸는 문제입니다.

[5~6] 다음 글을 읽고 물음에 답하시오.

준비하는 과정이 더 즐거운 영산 줄다리기

줄다리기는 줄을 당길 때보다 줄다리기를 준비하는 과정에 더 많은 뜻이 있습니다. 영산 줄다리기는 어른들보다 아이들이 먼저 겨룹니다. 작은 줄을 만들어 어른들이 하는 것처럼 아이들이 경기를 벌이지요. 아이들 줄다리기가 끝나고 어느 편이 이겼다는 소리가 돌면 그제야 장정들이 나섭니다. 장정들은 집집을 돌면서 짚을 모아 마을 사람들과 함께 줄을 만들지요. 음력 정월은 ㉠농한기라서 마을 사람이 모두 모여 줄을 만드는 일에만 매달릴 수 있어요.

줄다리기하는 모습을 실제로 본 적 있나요? 줄다리기에 쓰이는 줄은 엄청나게 굵답니다. 옛날에는 어른이 줄 위에 걸터앉으면 발이 땅에 닿지 않을 정도였다고 해요. 요즈음 영산 줄다리기에 쓰는 줄은 예전에 비하여 훨씬 가늘고 짧아졌는데도 굵기가 1.5미터, 길이가 40미터가 넘습니다. 또 암줄, 수줄로 나누어져 있지요.

교과 과정 5학년 2학기

5 이 글에서 짐작할 수 있는 ㉠의 뜻은 무엇입니까?

( )

① 추수할 때
② 모내기할 때
③ 농사일이 바쁜 때
④ 농사일이 한가한 때

교과 과정 5학년 2학기

6 이 글을 읽을 때 도움이 되는 지식이나 경험을 떠올린 것으로 알맞지 <u>않은</u> 것은 무엇입니까? ( )

① 운동회 때 줄다리기를 해 보았다.
② 줄을 돌리는 사람과 뛰는 사람이 있다.
③ 뒤로 눕듯이 당기면 더 세게 당길 수 있다.
④ 줄다리기는 우리나라 민속놀이 중 하나이다.

융합

교과 과정 6학년 1학기

7 다음 발표 상황에서 활용한 자료는 무엇인지 쓰시오.

가족 여행을 가서 불꽃 축제를 본 것을 생생하게 보여 드리겠습니다.

( )

교과 과정 5학년 2학기

8 다음 문장에서 ㉠~㉣을 고쳐 쓴 내용이 바르지 <u>않</u>은 것은 무엇입니까? (   )

> <u>할아버지는</u> 얼른 <u>밥을</u> 다 <u>먹고</u> 또 일하러
> ㉠   ㉡   ㉢
> <u>나갔다</u>.
> ㉣

① ㉠: 할아버지께서는
② ㉡: 진지를
③ ㉢: 먹으시고
④ ㉣: 나가셨다

교과 과정 5학년 2학기

9 다음 그림에서 여자아이가 발표할 때 잘못한 점은 무엇입니까? (   )

① 너무 빠른 속도로 발표하고 있다.
② 한 화면에 너무 많은 내용을 제시하였다.
③ 발표 내용만 보면서 읽듯이 발표하고 있다.
④ 듣는 사람이 알아듣지 못하게 작게 말했다.

교과 과정 6학년 1학기

10 다음 글에서 버들이가 추구하는 가치로 알맞은 것은 무엇입니까? (   )

> "버들이가 이번에는 샘을 기와집 뒤란으로 옮겨 달라고 하잖아. 그러면 집에서 샘물을 긷게 될 거라고."
> "이제 보니 버들이는 욕심쟁이구나. 샘을 옮기다니! 그러면 다른 동물들은 샘물을 못 마시잖아?"
> "파랑이도 그렇게 말했어. 하지만 나도 그걸 원했으니까 버들이를 탓하지는 마. 나도 어느새 버들이랑 똑같은 생각을 하게 되었던 거야."
> "그래서 샘을 옮겨 주었니?"
> "땅속의 샘물줄기를 기와집 뒤란으로 흐르도록 해 주겠다고 약속했어. 그때 버들이가 기뻐하던 모습이라니, 지금도 잊을 수가 없어."

① 자연보호
② 진정한 사랑
③ 현실적인 이익

신유형

교과 과정 6학년 1학기

11 이야기를 요약하는 방법 중 다음에서 사용한 방법은 무엇인지 (   ) 안에 들어갈 말을 골라 쓰시오.

> 옛날, 영암 원님이 죽어서 저승에 있는 염라대왕 앞으로 끌려갔는데, 원님이 염라대왕에게 이승에서 좀 더 살게 해 달라고 간청하자 염라대왕은 원님을 저승사자에게 돌려보냈다.

> 이야기 흐름에서 중요하지 않은 내용은 (첨가 , 삭제)한다.

(   )

교과 과정 5학년 2학기

신유형

12 다음 중 우리말을 바르게 사용한 사람은 누구입니까? (   )

① 그림이 정말 리얼하다.

② 열공했더니 배가 고프다.

③ 사과주스 나왔습니다.

④ 노잼이었어.

교과 과정 6학년 1학기

신경향

13 다음 글에서 나누려는 마음은 무엇인지 빈칸에 들어갈 말을 보기 에서 골라 쓰시오.

> 지효야, 아까는 당황스러워서 너에게 고맙다는 말을 제대로 못 했어. 정말 고마워! 네 따뜻한 마음을 잊지 않을게.
> 앞으로 내가 도와줄 일이 있으면 꼭 도와줄게. 그리고 우리 앞으로도 친하게 지내자.
> 안녕.

┌ 보기 ──────────────┐
    속상한   고마운   안타까운
└──────────────────┘

☐ 마음을 나누려고 글을 썼구나!

(   )

[14~15] 다음 글을 읽고 물음에 답하시오.

> 요즘 우리 반 친구들이 대화할 때 짜증 난다는 말이나 비속어, 욕설 따위를 사용합니다. ㉠그런 말을 들으면 기분이 나빠지고 화가 나서 다툼도 일어납니다.
> 우리 반에는 공놀이할 때나 실수해서 같은 편이 되기를 꺼려 하는 친구가 있습니다. 대부분 그 친구와 같은 편이 되면 "짜증 나."라는 말이나 비속어, 욕설을 합니다. 그러던 어느 날, 그 친구가 안쓰러워서 "괜찮아, 넌 잘할 수 있어."라고 말했습니다. 그랬더니 신기하게도 그 친구가 승점을 냈습니다.
> 이 일이 있은 뒤에 우리 반 친구들을 대상으로 조사해 보니 긍정하는 말이 부정하는 말보다 듣기가 좋다는 결과가 나왔습니다. 긍정하는 말을 하면 말하는 사람은 물론 듣는 사람도 마음이 편안해집니다. 예를 들면 "안 돼."보다는 "할 수 있어.", "짜증 나."보다는 "괜찮아.", "이상해 보여."보다는 "멋있어 보여.", "힘들어."보다는 "힘내자."와 같이 부정하는 말을 긍정하는 말로 고쳐 사용하면, 말하는 사람과 듣는 사람 모두 기분도 좋아지고 자신감도 생긴다는 것입니다.

교과 과정 6학년 1학기

14 ㉠ '그런 말'에 해당하지 않는 것은 무엇입니까?

(   )

① 욕설   ② 비속어

③ 긍정하는 말   ④ 짜증 난다는 말

교과 과정 6학년 1학기

15 긍정하는 말을 들었을 때의 효과로 보기 어려운 것은 무엇입니까? (   )

① 기분이 좋아진다.

② 자신감이 생긴다.

③ 화가 나고 다툼이 생긴다.

교과 과정 5학년 2학기

16 다음 글에서 반대편 토론자가 한 일은 무엇입니까?

( )

⑺ 사회자: 이번에는 상대편이 펼친 주장에서 잘못된 점이나 궁금한 점을 지적하고 이에 답하는 반론하기 시간입니다. 먼저 반대편이 반론과 질문을 하고 이에 대해 찬성편이 답변하도록 하겠습니다.

⑻ 반대편: 찬성편에서는 학급을 위해 봉사하고, 학생 대표가 되어 우리의 뜻을 학교에 전하는 역할을 할 학급 임원이 필요하다고 했습니다. 하지만 학급을 위해 봉사하는 것은 몇 명의 학생이 아니라 전체 학생이 다 할 수 있는 일입니다. 또 요즘은 기술이 발달해서 여러 사람이 동시에 회의에 참여할 수 있습니다. 굳이 학생 대표 한두 명만 회의에 참여하도록 할 필요가 없습니다. 따라서 찬성편의 근거는 학급 임원이 반드시 필요하다는 주장을 뒷받침하는 근거라고 보기 어렵습니다. 오히려 모든 학생이 학급 임원을 경험할 수 있도록 돌아가며 하는 게 좋지 않을까요?

① 토론 주제를 정하였다.

② 상대편의 주장에 반론을 제시하였다.

③ 자기편 주장의 장점을 정리하고 강조하였다.

[17~18] 다음 상황을 보고 물음에 답하시오.

교과 과정 5학년 2학기

17 친구들이 이야기한 토의 주제는 무엇인지 빈칸에 들어갈 말을 쓰시오.

토의 주제	☐ 문제에 대처하는 방안

( )

교과 과정 5학년 2학기

18 그림 4 에서 여자아이의 태도가 잘못된 까닭으로 알맞은 것은 무엇입니까? ( )

① 상대를 무시하는 듯한 말을 했다.

② 토의 주제와 관련이 없는 말을 했다.

③ 문제를 해결하는 데 무관심한 태도를 보였다.

[19~20] 다음 글을 읽고 물음에 답하시오.

종이 할머니는 손수레를 멈추고 눈에 혹이 난 할머니에게 다가갔어.

"이 강낭콩, 얼마유?"

강낭콩이 그릇마다 수북하게 담겨 있었어.

"천 원만 주소."

눈에 혹이 난 할머니가 힘없이 말했어. 얼마 전, 자신과 다투었던 것도 모르는 눈치였어. 잘 볼 수 없으니 자신이 누구인지 알 리가 없겠지. 종이 할머니는 시치미를 떼며 말했어.

"너무 싸게 파는구먼."

종이 할머니가 한마디 던지자, 눈에 혹이 난 할머니가 씁쓸하게 말했단다.

"그래도 잘 안 팔려라."

그때 동네 꼬마들이 지나가며 소리쳤어.

"눈에 혹이 났어!"

"외계인이다! 도망가자."

종이 할머니는 외계인이라는 소리에 깜짝 놀라서 눈에 혹이 난 할머니의 얼굴을 찬찬히 살펴보았지. 그러고 보니 메이가 그린 초록색 외계인 친구하고 닮은 것도 같았어.

"이 동네로 이사 왔수?"

종이 할머니가 넌지시 물었어.

"한 달 조금 됐는디 말 상대가 없어라. 생긴 게 이래서……."

"……."

종이 할머니는 강낭콩을 받아 들고 돈을 내밀었어.

"심심하면…… 놀러 오우. 우리 집은 도서관 뒷골목 세 번째 집이라오. 참, 대문 안쪽에 폐지들이 쌓여 있어서 금방 찾을 수 있다우."

종이 할머니는 손수레를 끌며 고물상으로 향했어. 그리고 이제는 허리를 구부리지 않았어. 더 이상 고개도 수그리지 않았지.

여러 계절이 왔다가 가고, 다시 왔다가 갔단다. 종이 할머니는 여전히 폐지를 모았어. 그렇지만 이제는 혼자가 아니야. 눈에 혹이 난 할머니와 같이 주웠어. 그리고 저녁이 되면 따뜻한 밥도 같이 먹고 생강차도 나누어 마셨지.

19 이 이야기에서 일어난 일이 <u>아닌</u> 것은 무엇입니까?
(   )

① 종이 할머니는 폐지를 주웠다.

② 외계인이 나타났다는 뉴스가 방송되었다.

③ 눈에 혹이 난 할머니는 외계인이라고 놀림을 받았다.

④ 종이 할머니는 눈에 혹이 난 할머니와 저녁에 밥을 같이 먹었다.

20 이 이야기를 간추릴 때 필요 없는 내용은 무엇입니까? (   )

① 종이 할머니는 외계인이었다.

② 아이들이 눈에 혹이 닌 힐머니를 놀렸다.

③ 종이 할머니는 눈에 혹이 난 할머니를 만났다.

④ 종이 할머니는 눈에 혹이 난 할머니를 집으로 초대하였다.

국어

1번~4번 문제는 듣고 푸는 문제입니다. 들려주는 내용을 잘 듣고 물음에 답하기 바랍니다. 내용은 한 번만 들려줍니다.

듣기평가

[1~2] 들려주는 내용을 잘 듣고 두 물음에 답하시오.

교과 과정 6학년 1학기

1 (물음) 토론 주제는 무엇입니까? [4점] (   )

① 동물 학대의 실태
② 동물원은 필요한가?
③ 야생 동물 보호 방안
④ 반려 동물 등록제 왜 필요한가?
⑤ 야생 동물을 집에서 길러도 되는가?

교과 과정 6학년 1학기

창의

2 (물음) 발표자에게 반박하기 위해 말할 내용으로 알맞지 않은 것은 무엇입니까? [4점] (   )

① 동물원은 없어야 한다.
② 동물원은 동물의 자유를 구속한다.
③ 동물원에 사는 동물은 스트레스를 받는다.
④ 동물원의 환경을 동물이 더 편하게 바꾸자.
⑤ 동물원은 동물에게 사람의 구경거리가 되게 한다.

[3~4] 들려주는 내용을 잘 듣고 두 물음에 답하시오.

교과 과정 5학년 2학기

3 (물음) 우리의 귀 건강에 가장 큰 걸림돌을 무엇이라고 하였습니까? [4점] (   )

① 이어폰   ② 스마트폰   ③ 생활 소음
④ 공사장 소음 ⑤ 지하철 소음

교과 과정 5학년 2학기

4 (물음) 귀를 건강하게 하는 방법으로 알맞지 않은 것은 무엇입니까? [4점] (   )

① 귀를 건조하게 유지하기
② 깨끗한 이어폰을 사용하기
③ 귓구멍 깊숙이 넣는 이어폰 사용하기
④ 이어폰을 하루 2시간 이내로 사용하기
⑤ 이어폰 소리 크기를 60퍼센트로 유지하기

듣기평가 문제종료 1번~4번까지 듣기 문제가 끝났습니다. 5번~24번까지는 읽고 푸는 문제입니다.

교과 과정 5학년 2학기

신경향

5 체험한 일을 쓴 글의 일부분입니다. 다음은 어느 부분에 해당하는지 보기 에서 골라 쓰시오. [5점]

> 박물관을 관람하면서 책과 화면으로만 봤던 한글 유물을 직접 볼 수 있어서 신기하고 즐거웠다. 그뿐만 아니라 날마다 세 번씩 운영하는 해설이 있는 관람 프로그램을 활용하면 더 많은 지식을 쌓으며 관람할 수 있겠다는 생각이 들었다.

보기
| 체험 | 감상 | 여정 | 견문 |

(   )

코딩

교과 과정 5학년 2학기

6 다음 글을 읽을 때 떠올릴 수 있는 지식으로 보기 어려운 것은 무엇입니까? [4점] (   )

> 오랜 세월 동안 농사를 지어 온 우리 조상들의 가장 큰 소망은 풍년이었어요. 농사가 잘되려면 물이 가장 중요하고요. 그런데 우리 조상들은 용이 물을 다스리는 신이라고 생각했답니다. 그래서 용을 닮은 줄을 만들고 흥겹게 줄다리기를 해서 용을 기쁘게 하려고 했어요.

① 벼농사를 지으려면 물이 많이 필요하다.
② 우리 문화는 농사를 중심으로 발달했다.
③ 풍물놀이도 풍년을 기원하며 많이 해 왔다.
④ 우리 조상들은 효를 중요한 가치로 생각했다.
⑤ 우리 조상들은 예로부터 용을 신령스러운 동물로 여겼다.

교과 과정 5학년 2학기

7 예서의 대화 태도는 어떠합니까? [4점] (   )

> 기준: 지난번 질서 지키기 그림 대회에서 내가 그린 그림이 뽑히지 않아서 무척 서운했어.
> 예서: 네가 그림을 못 그렸겠지.
> 기준: 너는 친구에게 어떻게 그런 말을 하니?

① 상대의 처지를 이해하였다.
② 상대의 입장에서 말하였다.
③ 상대의 기분을 배려하지 않았다.
④ 상대가 말할 기회를 주지 않았다.
⑤ 상대가 듣기 좋아할 말만 하였다.

교과 과정 5학년 2학기

8 다음 문장을 바르게 고쳐 쓴 것은 어느 것입니까? [4점] (   )

> 나는 책 읽기를 별로 좋아하는 편이다.

① 나는 책 읽기를 전혀 좋아한다.
② 나는 책 읽기를 별로 좋아한다.
③ 나는 책 읽기를 전혀 좋아하는 편이다.
④ 나는 책 읽기를 그다지 좋아하는 편이다.
⑤ 나는 책 읽기를 별로 좋아하지 않는 편이다.

교과 과정 5학년 2학기

9 다음 글을 아래와 같이 도식화할 때 ㉠과 ㉡에 들어갈 말을 알맞게 나타낸 것은 무엇입니까? [4점]
(   )

> 이 학교는 날마다 적절한 시간을 정해 1.6 킬로미터를 달리게 하고 있다. 학생들을 관찰한 □□ 대학의 ○○ 박사는 "이 학교의 학생들에게는 비만 문제가 보이지 않는다."라고 했다. / 미국 일리노이주의 한 학교 역시 건강 달리기로 하루를 시작한다. 이 학교의 학생들은 건강은 물론 집중력도 향상되었고, 우울증과 불안감은 줄어들었다고 한다.

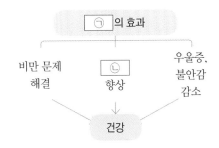

① ㉠ – 영국, 미국   ㉡ – 집중력
② ㉠ – 건강 달리기   ㉡ – 집중력
③ ㉠ – 비만 문제   ㉡ – 건강 달리기
④ ㉠ – 일리노이주   ㉡ – 건강 달리기
⑤ ㉠ – 영국 초등학교   ㉡ – 건강 달리기

교과 과정 5학년 2학기

10 보기의 문장을 자연스럽게 고치는 방법으로 알맞지 않은 것은 무엇입니까? [4점] (   )

보기
> 나는 친구가 한 일이 결코 바른 행동이라고 생각한다.

① '결코'를 삭제한다.
② '결코'를 '전혀'로 바꾼다.
③ '결코'를 '정말'로 바꾼다.
④ '생각한다'를 '생각하지 않는다'로 바꾼다.
⑤ '바른 행동이라고'를 '바른 행동이 아니라고'로 바꾼다.

교과 과정 5학년 2학기

11 ㉠, ㉡과 같은 매체 자료에 대한 설명으로 알맞은 것은 무엇입니까? [4점] (   )

㉠  ㉡

① 소리를 들을 수 있다.
② 글, 그림, 사진을 사용한다.
③ 영상과 소리가 결합되어 있다.
④ 영화나 연속극도 같은 종류에 해당한다.
⑤ 누리 소통망과 같은 특성을 가진 매체이다.

교과 과정 5학년 2학기

12 보기의 문제 상황과 관련한 아래 근거 자료의 타당성을 바르게 평가한 것은 무엇입니까? [4점] (   )

보기
> • '연예인'이 초등학생의 장래 희망 직업 1위로, 초등학생들은 유행에 따라 장래 희망을 결정하는 경향을 보인다.

근거 자료 "우리 반 친구들이 희망하는 직업" ※단위: 명
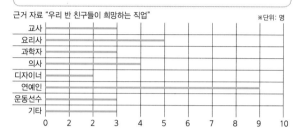

① 누구를 조사했는지 전혀 알 수가 없다.
② '선생님'이 희망 직업에 없어서 이상하다.
③ '기타'라는 직업은 없으므로, 믿을 수 없다.
④ 어떤 연예인인지 알 수가 없어서 답답하다.
⑤ 조사 범위가 좁아서 초등학생의 장래 희망 직업을 대표하는 자료라고 보기가 어렵다.

융합

교과 과정 5학년 2학기

13 ㉠과 바꾸어 써도 뜻이 그대로 통하는 말을 보기에서 찾아 쓰시오. [5점]

> 역시! 이런 날이 올 줄 알았다. 나는 벌써부터 진땀이 났다. ㉠엎친 데 덮친 격으로, 켈러 선생님이 할 말이 있다며 따로 남으라고 했다.

보기
> 과유불급   설상가상   일석이조

(   )

교과 과정 5학년 2학기

14 글 ㈎를 ㈏와 같이 요약하면 좋은 점은 무엇입니까? [4점] (   )

㈎ 줄기 한 마디에 잎 두 장이 마주 보는 '마주나기'도 있습니다. 단풍나무나 화살나무는 잎 두 장이 사이좋게 마주 보고 있습니다. 그리고 마주난 잎들이 마디마다 서로 어긋나지 않고 평행합니다.

그런가 하면 한 마디에 잎이 석 장 이상 돌려나는 잎차례가 있습니다. 이런 잎차례를 '돌려나기'라고 합니다. 갈퀴꼭두서니는 마디마다 잎이 여섯 장에서 여덟 장씩 돌려나기로 핍니다.

㈏

① 모든 나무의 잎차례를 저절로 알 수 있다.
② 잎차례의 종류와 대표적인 식물을 한눈에 파악할 수 있다.
③ 단풍나무와 화살나무가 어떻게 다른지 쉽게 알 수 있다.
④ 마주나기와 돌려나기의 차이점이 무엇인지 정확하게 알 수 있다.
⑤ 단풍나무와 화살나무, 갈퀴꼭두서니가 언제 잎을 피우는지 알 수 있다.

[15~16] 다음 시를 읽고 물음에 답하시오.

해님만큼이나
큰 은혜로
내리는 교향악

이 세상
모든 것이 다
악기가 된다.

달빛 내리던 ㉠지붕은
두둑 두드둑
큰북이 되고

아기 손 씻던
㉡세숫대야 바닥은

도당도당 도당당
작은북이 된다.

교과 과정 6학년 1학기

15 봄비를 '큰 은혜로 내리는 교향악'으로 표현한 까닭은 무엇입니까? [4점] (   )

① 봄비가 오래 내려서
② 농부들만 봄비를 좋아하여서
③ 봄비 내리는 소리가 듣기 좋아서
④ 봄비가 내리면 시끄러운 소리가 나서
⑤ 봄비 내리는 소리와 교향악의 여러 가지 소리가 섞여 있는 것이 비슷해서

창의

교과 과정 6학년 1학기

16 ㉠과 ㉡을 비유하는 표현을 알맞게 찾은 것은 무엇입니까? [4점] (   )

① ㉠ → 악기 / ㉡ → 큰북
② ㉠ → 큰북 / ㉡ → 바닥
③ ㉠ → 큰북 / ㉡ → 작은북
④ ㉠ → 해님 / ㉡ → 교향악
⑤ ㉠ → 바닥 / ㉡ → 작은북

신경향

교과 과정 6학년 1학기

17 다음 상황에 어울리는 속담을 썼습니다. 빈칸에 들어갈 알맞은 말을 쓰시오. [5점]

> 만 원을 주고 산 장난감이 고장 나서 고치러 갔더니 수리비가 만오천 원이라고 합니다. 장난감 가격보다 수리비가 더 비쌉니다.
>
> ➡ 배보다 ☐☐이 더 크다

(   )

[18~19] 다음 글을 읽고 물음에 답하시오.

> 요즘에 우리 전통 음식보다 외국에서 유래한 햄버거나 피자와 같은 음식을 더 좋아하는 어린이를 쉽게 볼 수 있습니다. 이러한 음식은 지나치게 많이 먹으면 건강이 나빠지기도 합니다.
>
> 그에 비해 우리 전통 음식은 오랜 세월에 걸쳐 전해 오면서 우리 입맛과 체질에 맞게 발전해 왔기 때문에 여러 가지 면에서 우수합니다. 우리 전통 음식을 사랑합시다. 왜 우리 전통 음식을 사랑해야 할까요?

교과 과정 6학년 1학기

18 이 글에 나타난 문제 상황은 무엇입니까? [4점]

(   )

① 우리 전통 음식이 점점 사라지고 있다.

② 우리 전통 음식은 조리하는 데 오래 걸린다.

③ 우리 전통 음식을 만드는 재료가 거의 외국에서 온 재료이다.

④ 우리 전통 음식과 외국에서 유래한 음식이 합쳐져서 이상한 음식이 만들어지고 있다.

⑤ 우리 전통 음식보다 외국에서 유래한 음식을 더 좋아하는 어린이를 쉽게 볼 수 있다.

교과 과정 6학년 1학기

19 이 글의 주장을 뒷받침하는 근거로 알맞지 <u>않은</u> 것은 무엇입니까? [4점] (   )

① 우리 전통 음식은 건강에 이롭다.

② 우리 전통 음식은 세계 곳곳에 소개되고 있다.

③ 우리 전통 음식에서 우리 조상의 슬기와 문화를 경험할 수 있다.

④ 우리 전통 음식을 가까이하면 지역에 따라 다양한 맛을 즐길 수 있다.

⑤ 우리 전통 음식을 가까이하면 계절이나 명절에 따라 여러 음식을 맛볼 수 있다.

신유형

20 빈칸에 공통으로 들어갈 알맞은 말을 보기 에서 골라 쓰시오. [5점]

> • 작품에서 인물이 추구하는 삶을 파악하는 방법
> ① 인물이 처한 ☐☐☐ 을/를 살펴본다.
> ② 인물이 처한 ☐☐☐ 에서 한 말이나 행동을 찾는다.

> 보기
> 업적   가치   상황   신념

(   )

[21~22] 다음 글을 읽고 물음에 답하시오.

『화성성역의궤』는 수원 화성에 성을 ㉠싸는 과정을 기록한 책인 의궤야. 수원 화성은 일제 강점기를 거치면서 성곽 일대가 훼손되기 시작하고 6.25 전쟁 때 크게 파괴되었는데, 『화성성역의궤』를 보고 원래의 모습대로 다시 만들어졌단다. 덕분에 수원 화성이 1997년에 유네스코 세계 문화유산으로 등록될 수 있었어.

『화성성역의궤』는 수원 화성 공사와 관련된 공식 문서는 물론, 참여 인원, 사용된 물품, 설계 등의 기록이 그림과 함께 실려 있는 일종의 보고서인 셈이야.

수원 화성은 정조 임금이 엄격하게 고른 좋은 자리에 지었어.

21 이 글을 읽고 추론한 사실로 알맞지 <u>않은</u> 것은 무엇입니까? [4점] (   )

① 수원 화성을 쌓을 때 거중기가 사용되었다.

② 수원 화성은 여러 위기를 거치며 원래의 모습을 잃었다.

③ 정조 임금은 수원 화성을 건축하는 데 많은 관심을 가졌다.

④ 수원 화성은 세계적인 문화유산으로 인정받을 만큼 훌륭한 건축물이다.

⑤ 『화성성역의궤』가 자세하였기 때문에 수원 화성을 원래의 모습대로 만들 수 있었다.

신경향

22 보기 에 있는 낱말의 뜻을 참고하여 ㉠을 알맞게 고쳐 기본형으로 쓰시오. [4점]

> 보기
> 뜻 ① 물건을 차곡차곡 포개어 얹어서 구조물을 이루다.
> ② 경험, 기술, 업적, 지식 따위를 거듭 익혀 많이 이루다.

(   )

교과 과정 6학년 1학기

23 이야기 전개 구조에 따라 ㈎~㈑를 알맞게 늘어놓은 것은 무엇입니까? [4점] (   )

㈎ 덕진은 쌀을 팔아서 마을 앞을 가로지르는 강가에 다리를 놓기로 했다. 마을 사람들 모두가 그곳에 다리가 없어서 불편을 겪던 참이었다.

㈏ "너에게 빚진 쌀 삼백 석을 갚으러 왔느니라."

그러자 덕진은 어리둥절해하며 원님을 쳐다보았다.

"하여튼 받아 두어라. 먼 훗날, 너도 알게 될 것이니라."

덕진이 받을 수 없다고 하자 원님은 강제로 쌀을 떠맡겼다.

㈐ 염라대왕은 원님을 저승사자에게 돌려보냈다.

"이승으로 나가려는데 어떻게 가면 될까요?"

"여기까지 데려왔는데 그냥 보내 줄 수는 없다. 너 때문에 헛걸음을 했으니 수고비를 내놓아라."

"어떡하지요? 지금 저는 빈털터리인데……."

"그러면 저승에 있는 네 곳간에서라도 내놓아라."

㈑ "덕진이라는 아가씨의 곳간에는 쌀이 수백 석이나 있으니, 일단 거기서 쌀을 꾸어 계산하고 이승에 나가서 갚도록 해라."

저승사자가 원님에게 제안했다. 결국 원님은 덕진의 곳간에서 쌀 삼백 석을 꾸어 셈을 치를 수 있었다.

① ㈎ → ㈏ → ㈑ → ㈐
② ㈏ → ㈎ → ㈐ → ㈑
③ ㈐ → ㈑ → ㈏ → ㈎
④ ㈐ → ㈑ → ㈎ → ㈏
⑤ ㈑ → ㈎ → ㈐ → ㈏

교과 과정 6학년 1학기

24 다음의 「하여가」와 「단심가」에 대한 설명으로 알맞지 않은 것은 무엇입니까? [4점] (   )

〈고려 말 상황〉

고려 말에 정몽주와 이성계가 생각하는 개혁 방법은 서로 달랐다. 정몽주는 고려를 유지하면서 개혁해야 한다고 생각했고, 이성계는 고려를 무너뜨리고 새로운 왕조를 세우고자 했다.

이러한 상황에서 이성계의 아들 이방원은 「하여가」를 썼고, 정몽주는 「단심가」를 썼다.

하여가

이런들 어떠하며 저런들 어떠하리
만수산 드렁칡이 얽혀진들 어떠하리
㉠우리도 이같이 얽혀져 백 년까지 누리리

단심가

이 몸이 죽고 죽어 일백 번 고쳐 죽어
백골이 진토 되어 넋이라도 있고 없고
임 향한 ㉡일편단심이야 가실 줄이 있으랴

① ㉠에서 이방원의 생각이 잘 드러난다.
② ㉡에서 정몽주의 생각이 잘 드러난다.
③ 「단심가」에는 고려에 대한 정몽주의 원망스러운 마음이 잘 드러난다.
④ 「하여가」에서 이방원은 '만수산 드렁칡'에 빗대어 자신의 생각을 말하였다.
⑤ 「하여가」에는 뜻을 함께 모아 새 나라를 세우자는 이방원의 생각이 잘 드러난다.

학업성취도 평가 **2**회

국어

1번~4번 문제는 듣고 푸는 문제입니다. 들려주는 내용을 잘 듣고 물음에 답하기 바랍니다. 내용은 한 번만 들려줍니다.

 듣기평가

[1~2] 들려주는 내용을 잘 듣고 두 물음에 답하시오.

교과 과정 5학년 2학기

1 (물음) 토론 주제는 무엇인지 빈칸에 들어갈 말을 쓰시오. [5점]

| 토론 주제 | ☐ 은 반드시 필요하다. |

(   )

교과 과정 5학년 2학기

2 (물음) 찬성편이 근거를 뒷받침하기 위한 자료로 제시한 것을 두 가지 고르시오. [4점] (   )

① 교장 선생님의 의견
② 전문가의 면담 자료
③ 학급 임원을 뽑는 방법을 검색한 결과
④ 학급 임원을 한 경험이 있는 학생의 면담 자료
⑤ 같은 지역 초등학교를 대상으로 한 설문 조사 자료

[3~4] 들려주는 내용을 잘 듣고 두 물음에 답하시오.

교과 과정 6학년 1학기

3 (물음) 나성실의 말하기 상황으로 알맞지 <u>않은</u> 것은 어느 것입니까? [4점] (   )

① 학생들에게 말하고 있다.
② 비공식적인 말하기 상황이다.
③ 높임 표현을 써서 말하고 있다.
④ 전교 학생회 회장단 선거 후보 연설을 하고 있다.
⑤ 전교 학생회 회장단 선거 후보자가 되어 공약을 발표하고 있다.

융합

교과 과정 6학년 1학기

4 (물음) 나성실이 의견을 발표할 때 활용한 설문 조사 결과로 알맞은 것은 어느 것입니까? [4점] (   )

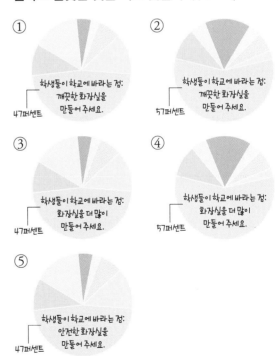

듣기평가 문제종료 1번~4번까지 듣기 문제가 끝났습니다. 5번~24번까지는 읽고 푸는 문제입니다.

[5~6] 다음 글을 읽고 물음에 답하시오.

국립한글박물관을 찾았다. 국립한글박물관은 '한글'로만 기록한 한글 자료와 한글을 활용한 작품들을 전시해 놓은 곳이다. 국립한글박물관은 용산 국립중앙박물관 옆에 있다. 우리 가족은 집 근처에서 지하철을 타고 가서 '박물관 나들길'을 이용해 박물관까지 걸어갔다. 이정표를 따라 걷다 보니 큰 박물관 건물이 눈에 들어왔다.

처음 ㉠발끝이 닿은 장소는 2층 '한글이 걸어온 길' 상설 전시실이었다. 전시실 이름처럼 '한글이 걸어온 길'을 주제로 마련한 상설 전시실은 총 3부로 구성되었다. 1부 주제는 '새로 스물여덟 자를 만드니'로, 세종 25년 한글이 그 모습을 드러내던 때를 살펴볼 수 있었고, 2부 주제는 '쉽게 익혀서 편히 쓰니'이며, 마지막으로 3부 주제는 '세상에 널리 퍼져 나아가니'이다. 상설 전시실의 이름이 한글의 역사를 잘 말해 주는 것 같았다.

[교과 과정] 5학년 2학기 / 창의

5 이 글에 대한 동호의 의견은 무엇입니까? [4점]
( )

동호

> 문장 중간중간에 감상을 넣어 주면 글쓴이가 어떻게 느꼈는지 알 수 있어서 좋을 것 같아. 지금은 체험에 비해 감상이 부족해 보여.

① 글에서 어색한 표현을 찾아 말했다.
② 글에서 사실과 다른 부분을 지적했다.
③ 글의 내용에서 보충할 부분을 말했다.
④ 글에서 뜻이 어려운 낱말을 찾아 말했다.
⑤ 글과 관련된 자신의 경험을 활용해서 말했다.

[교과 과정] 5학년 2학기

6 ㉠을 알맞게 고친 것은 어느 것입니까? [4점]
( )

① 발판 　　② 발길
③ 발자국 　　④ 발자취
⑤ 발장구

[교과 과정] 6학년 1학기 / 신경향

7 다음 상황에서 쓸 수 있는 속담으로 알맞은 것은 어느 것입니까? [4점] ( )

일 년 동안 모은 동전이 20만 원이나 될 때

① 티끌 모아 태산
② 소 잃고 외양간 고친다
③ 우물을 파도 한 우물을 파라
④ 하룻강아지 범 무서운 줄 모른다
⑤ 사공이 많으면 배가 산으로 간다

[교과 과정] 6학년 1학기

8 다음 사례에 나타난 문제점은 무엇입니까? [4점]
( )

우리가 사용하는 반려동물 관련 용어가 대부분 외래어 · 외국어라는 사실, 아시나요?

펫시터(×)
반려동물을 돌봐 주는 사람
▼
반려동물 돌봄이(○)

① 사람들이 반려동물을 쉽게 버린다.
② 학생들이 욕을 너무 많이 사용한다.
③ 국어보다 외국어의 수업 시간이 많다.
④ 사람들이 줄임 말을 너무 많이 사용한다.
⑤ 우리가 사용하는 반려동물 관련 용어가 대부분 외래어와 외국어이다.

[9~10] 다음 글을 읽고 물음에 답하시오.

식물이 줄기에 어떤 모양으로 잎을 붙여 나가는지 그 기술을 알아보기로 할까요? 줄기에 차례대로 잎을 붙여 나가는 모양을 '잎차례'라고 합니다.

먼저, 줄기 마디마다 잎을 한 장씩 피우되 서로 어긋나게 피우는 방법이 있습니다. 이것을 '어긋나기'라 합니다. 국수나무처럼 평행하게 어긋나기만 하는 식물이 있는가 하면, 해바라기처럼 소용돌이 모양으로 돌려나면서 어긋나는 식물도 있습니다.

이와는 달리 줄기 한 마디에 잎 두 장이 마주 보는 '마주나기'도 있습니다. 단풍나무나 화살나무는 잎 두 장이 사이좋게 마주 보고 있습니다. 그리고 마주 난 잎들이 마디마다 서로 어긋나지 않고 평행합니다.

그런가 하면 한 마디에 잎이 석 장 이상 돌려나는 잎차례가 있습니다. 이런 잎차례를 '돌려나기'라고 합니다. 갈퀴꼭두서니는 마디마다 잎이 여섯 장에서 여덟 장씩 돌려나기로 핍니다.

교과 과정 5학년 2학기

9 이 글의 중심 낱말을 찾아 세 글자로 쓰시오. [5점]

(   )

신유형

교과 과정 5학년 2학기

10 이 글의 내용을 정리하기에 알맞은 틀은 어느 것입니까? [4점] (   )

[11~12] 다음 글을 읽고 물음에 답하시오.

㉮ 우리나라뿐만 아니라 세계 곳곳에서 벌어지는 자연 개발은 우리 삶을 위협한다. 이러한 무분별한 개발로 우리 삶의 터전인 자연은 몸살을 앓고, 이제 인류의 생존까지 위협하는 상황에 이르렀다. 우리는 자연의 목소리에 귀를 기울이고 자연을 보호해야 한다. 왜 자연을 보호해야 할까?

㉯ 자연은 한번 파괴되면 복원되기가 어렵다. 어린 나무 한 그루가 아름드리나무로 성장하는 데 약 30년에서 50년이 걸린다고 한다. 우유 한 컵(150밀리리터)으로 오염된 물을 물고기가 살 수 있는 깨끗한 물로 만들려면 우유 한 컵의 약 2만 배의 물이 필요하다. 이처럼 환경을 오염시키는 것은 순식간이지만 오염된 환경을 되살리는 데는 수십, 수백 배의 시간과 노력이 든다. 자연의 힘이 아무리 위대해도 자정 능력을 넘어서는 오염을 감당하기는 어렵다.

교과 과정 6학년 1학기

11 글 ㉮는 논설문의 짜임인 서론, 본론, 결론 중 어느 부분에 해당하는지 쓰시오. [4점]

(   )

교과 과정 6학년 1학기

12 글쓴이의 주장은 무엇입니까? [4점] (   )

① 자연을 보호해야 한다.
② 자연 개발은 우리 삶을 위협한다.
③ 자연은 한번 파괴되면 복원되기가 어렵다.
④ 자연은 우리 후손이 살아갈 삶의 터전이다.
⑤ 무리한 자연 개발은 경제 발전에 도움이 되지 않는다.

교과 과정 | 5학년 2학기

13 누리 소통망에서 나눈 대화 가운데 예절을 지킨 대화는 어느 것입니까? [4점] ( )

①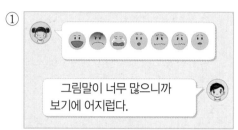

그림말이 너무 많으니까 보기에 어지럽다.

②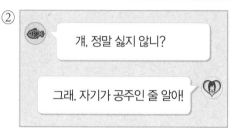

걔, 정말 싫지 않니?

그래. 자기가 공주인 줄 알아!

③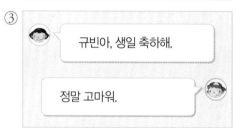

규빈아, 생일 축하해.

정말 고마워.

④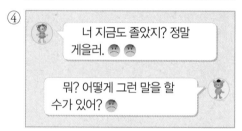

너 지금도 졸았지? 정말 게을러. 😞😞

뭐? 어떻게 그런 말을 할 수가 있어? 😞

⑤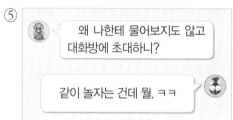

왜 나한테 물어보지도 않고 대화방에 초대하니?

같이 놀자는 건데 뭘. ㅋㅋ

교과 과정 | 5학년 2학기

14 밑줄 그은 부분의 호응 관계가 바르지 않은 문장은 어느 것입니까? [4점] ( )

① 그만 나는 피식 웃어 버렸다.

② 안방에서 아버지께서 부르셨다.

③ 어머니의 목소리가 별로 좋아 보이지 않았다.

④ 어제저녁에 방에서 컴퓨터를 하는데 졸음이 밀려온다.

⑤ 우리가 환경을 보호해야 하는 까닭은 환경 파괴의 피해가 결국 우리에게 돌아오기 때문이다.

교과 과정 | 5학년 2학기

15 다음 글에서 서영이가 글을 올린 매체의 특징은 무엇입니까? [4점] ( )

> 서영이가 핑공 카페에 아빠가 은좀베 마을에서 의료 봉사를 하는 모습과 엄마가 디자인한 옷을 입고 모델들이 패션쇼를 하는 사진을 올리자, 이번에는 서영이를 응원하는 댓글과 흑설 공주를 비난하는 댓글이 수없이 올라와 있었다.
>
> < >
>
> 허수아비: 아무리 얼굴과 이름을 숨기고 자기 생각을 마음대로 실을 수 있는 인터넷 세상이지만, 최소한의 예의는 지켜야 한다. 그런데도 거짓 정보를 올린 흑설 공주는 당장 사과해라!

① 영상으로만 내용을 전달한다.

② 소리와 같은 청각은 이용하지 않는다.

③ 글, 그림, 사진만으로 정보를 전달한다.

④ 글, 그림, 사진으로 나타낸 시각 정보만 잘 살펴보면 된다.

⑤ 성격이 비슷한 매체 자료로는 휴대 전화 문자 메시지가 있다.

[16~17] 다음 시를 읽고 물음에 답하시오.

> 나는 풀잎이 좋아, ㉠풀잎 같은 친구 좋아
> 바람하고 엉켰다가 풀 줄 아는 풀잎처럼
> 헤질 때 또 만나자고 손 흔드는 친구 좋아.

교과 과정 6학년 1학기

16 이 시에서 풀잎 같은 친구가 좋다고 한 까닭은 무엇입니까? [4점] (   )

① 키가 큰 친구가 좋기 때문이다.
② 잘 웃는 친구가 좋기 때문이다.
③ 자연을 사랑하는 친구가 좋기 때문이다.
④ 좋은 향기가 나는 친구가 좋기 때문이다.
⑤ 헤어질 때 또 만나자고 손 흔드는 친구가 좋기 때문이다.

교과 과정 6학년 1학기

17 ㉠과 같은 비유하는 표현 방법을 사용한 문장은 어느 것입니까? [4점] (   )

① 엄마의 마음은 호수
② 내 짝 목소리는 꾀꼬리
③ 보름달같이 둥근 내 얼굴
④ 구름은 하늘을 헤엄치는 고래
⑤ 아빠의 코 고는 소리는 울부짖는 사자

[18~19] 다음 글을 읽고 물음에 답하시오.

> ㈎ 경복궁의 건물은 7600여 칸으로 규모가 어마어마하다. 경복궁에서 가장 웅장한 건물은 '부지런히 나라를 다스리라'는 뜻을 지닌 근정전이다. 근정전은 왕의 즉위식, 왕실의 혼례식, 외국 사신과의 만남과 같은 나라의 중요한 행사를 치르던 곳이다.
> ㈏ '경사스러운 연회'라는 뜻의 경회루는 커다란 연못 중앙에 섬을 만들고 그 위에 지은, 우리나라에서 가장 큰 누각이다. 이곳은 왕이 외국 사신을 접대하거나 신하들에게 연회를 베풀던 장소이다.

교과 과정 6학년 1학기

18 경복궁에서 가장 웅장한 건물은 무엇인지 글에서 찾아 쓰시오. [5점]

(   )

신경향

교과 과정 6학년 1학기

19 이 글을 읽고 추론한 내용으로 알맞은 것은 어느 것입니까? [4점] (   )

① 왕은 경복궁 건설에 관심이 없었다.
② 대체로 건물의 크기를 작게 지었다.
③ 다른 나라와의 교류가 활발하지 않았다.
④ 경복궁을 지을 당시 건축 기술이 낮았다.
⑤ 건물의 쓰임이나 의미에 어울리게 건물의 이름을 지었다.

[교과 과정] 5학년 2학기

20 ㄱ~ㅁ 중에서 '뜬금없는'의 뜻을 짐작할 수 있는 부분은 어디입니까? [4점] ( )

> 귀가 어두워 무슨 말을 해도 제대로 알아듣지 못하는 만화 주인공 '사오정'을 아시나요? ㉠만화 주인공 사오정과 비슷한 사람이 우리 주변에 ㉡많이 생겨나고 있습니다. 사오정이 뜬금없는 말로 ㉢우리에게 재미와 웃음을 주지만 요즘에 사오정들은 귀 ㉣건강을 위협받는 아주 ㉤위험한 상황에 놓여 있습니다.

① ㉠   ② ㉡   ③ ㉢   ④ ㉣   ⑤ ㉤

[교과 과정] 6학년 1학기

21 이야기 「저승에 있는 곳간」의 결말 부분을 읽고 요약할 때에 빈칸에 들어갈 말을 두 글자로 쓰시오. [5점]

> 원님이 가고 난 다음에도 덕진은 영문을 몰라 그 자리에 멍하게 서 있었다. 덕진은 어머니와 함께 쌀을 어떻게 할 것인지 의논했다.
> "나도 영문을 모르겠구나. 무슨 까닭이 있는 것 같긴 한데……. 네가 주인이니 네 뜻대로 해라."
> 그날 밤, 덕진은 이리저리 몸을 뒤척이며 고민하다가 결론을 내렸다. / '어차피 내 쌀이 아니니 좋은 일에 쓰도록 하자.'
> 그리하여 덕진은 쌀을 팔아서 마을 앞을 가로지르는 강가에 다리를 놓기로 했다. 마을 사람들 모두가 그곳에 다리가 없어서 불편을 겪던 참이었다. 이렇게 해서 돌다리를 놓자, 사람들은 그 다리를 '덕진 다리'라고 했다.

| 결말 | 덕진이 원님에게 받은 쌀로 마을 앞을 가로지르는 강가에 ☐☐☐를 놓음. |

( )

[교과 과정] 5학년 2학기

22 다음 조사 방법과 조사 계획을 세운 내용을 보고 바르게 말한 것은 어느 것입니까? [4점] ( )

| 우리 모둠의 조사 방법 | 설문지를 이용한다. |

조사 계획

조사 주제	높임 표현을 잘못 사용하는 예
조사 기간과 과정	• 조사 기간: 20○○. ○○. ○○. ~ 20○○. ○○. ○○. • 조사 과정: 설문지 작성 → 조사 실시 → 설문지 수거 → 결과 분석
조사 대상과 방법	• 조사 대상: 가게에서 높임 표현을 잘못 사용하는 예 • 조사 방법: '가게에서 높임 표현을 잘못 사용하는 예'를 조사하기 위해 가게를 이용한 경험이 있는 사람들에게 설문지를 이용해 조사한다.

① 조사 기간을 정하지 않았다.
② 조사 과정이 분명하지 않다.
③ 조사 대상을 정하지 않았다.
④ 조사 대상이 주제에 어울리지 않는다.
⑤ 여러 사람을 한꺼번에 조사할 수 있는 조사 방법을 선택하였다.

[23~24] 다음 글을 읽고 물음에 답하시오.

㈎ 외국에서 공부를 마치고 케냐로 돌아온 왕가리 마타이는 황폐해진 케냐의 마을 풍경을 보고 깜짝 놀랐다. 케냐의 새로운 지도자들이 돈벌이를 위해 숲을 없애고 차나무와 커피나무를 심은 것이었다. 울창했던 숲은 벌목으로 벌거벗은 모습이 되었고, 비옥했던 토양은 영양분이 고갈되어 동물과 식물을 제대로 길러 낼 수 없는 상태가 되었다. 이러한 변화로 사람들은 땔감을 구하기 어려웠고, 작물이 잘 자라지 않아 가난과 굶주림 속에서 고통받게 되었다.

파괴된 환경이 그녀와 그녀의 아이들 그리고 케냐의 모든 이에게 고통을 주고 있다는 것을 깨달은 왕가리 마타이는 자신이 할 수 있는 일이 무엇인지 생각해 보았다.

'나무를 심는 거야.'

㈏ 묘목을 한꺼번에 약 1000그루씩 적당한 간격을 두고 심어 '벨트'를 만들도록 권장하면서 나무 심기 운동은 '그린벨트 운동'으로 불렸다.

그린벨트 운동은 성공적이었지만, 심은 나무를 가꾸기까지는 시간과 노력이 많이 필요했다. 나무를 가꾸는 데 지친 몇몇 사람은 나무를 심기보다는 베어서 쓰고 싶어 했다.

"나무가 빨리 자라지 않으니 나무를 심기 싫어요."

왕가리 마타이는 사람들에게 인내심을 지니고 나무를 심어 줄 것을 부탁했다.

"우리가 오늘 베고 있는 나무는 우리가 심은 것이 아니라 이전에 누군가가 심어 준 것입니다. 그러니까 우리도 우리 아이들을 위해서, 미래의 케냐를 위해서 나무를 심어야 해요."

23 왕가리 마타이가 추구하는 가치는 무엇입니까?

[4점] ( )

① 개인적인 이익
② 현실적인 이익
③ 모두의 이익과 행복
④ 부모님에 대한 효도
⑤ 진심을 담아 상대를 대하는 것

창의

24 현솔이는 왕가리 마타이가 추구하는 가치를 자신의 삶과 어떤 방법으로 관련지었습니까? [4점] ( )

현솔

왕가리 마타이가 한 말과 행동을 보고 나도 우리 모두를 위한 일을 찾아봐야겠다고 생각했어.

① 인물의 모습을 상상했다.
② 이야기의 내용을 요약했다.
③ 이야기와 관련된 자신의 경험을 생각했다.
④ 인물과 자신의 삶을 비교해 보고 느낀 점을 생각했다.
⑤ 자신이 처한 문제나 고민을 해결하는 데 도움을 준 인물의 말과 행동을 생각했다.

독불장군은 어떤 사람?

「똑똑한 하루 어휘 5단계 A」발췌

국가수준
학업성취도 평가

영어

초등 6학년

학습 및 출제 범위

5학년 2학기 ~ 6학년 1학기

개념 1 좋아하는 것 말하기

A: What's your favorite subject?
네가 가장 좋아하는 과목은 무엇이니?

B: My favorite subject is music.
내가 가장 좋아하는 과목은 음악이야.

» 상대방이 가장 좋아하는 과목이 무엇인지 물을 때는 What's your ❶ ⬚ subject?라고 말합니다.

» 대답할 때는 「My favorite ❷ ⬚ is + 과목 이름.」으로 말합니다.

답 | ❶ favorite ❷ subject

⊘ 표현 더하기

자신이 좋아하는 활동을 말할 때는 「I like to + 활동을 나타내는 말.」로 합니다.

I like to listen to music.
나는 음악 듣는 것을 좋아해.

개념 2 외모 묘사하기

A: What does she look like?
그녀는 어떻게 생겼니?

B: She is tall. She has long curly hair.
그녀는 키가 커. 그녀는 긴 곱슬머리야.

» 사람의 외모를 물을 때는 성별을 구분하여 What does he/she ❶ ⬚ like?라고 말합니다.

» 눈이나 머리 모양 등 다른 사람의 외모를 묘사할 때는 동사 ❷ ⬚ 를 사용하여 「He/She has + 형용사 + eyes/hair.」로 표현합니다.

답 | ❶ look ❷ has

⊘ 표현 더하기

• 외모 표현
long curly hair 긴 곱슬머리
short straight hair 짧은 생머리
blue eyes 파란 눈
brown eyes 갈색 눈

• 옷차림을 묘사할 때는 「He/She is wearing + 옷/장신구 이름.」으로 나타냅니다.

개념 3 물건의 가격 묻고 답하기

A: How much are these pants?
이 바지는 얼마인가요?

B: They are fifteen dollars.
그것은 15달러입니다.

» 복수형인 물건의 가격을 물을 때는 「How much ❶ ⬚ + 물건 이름?」으로 말합니다.

» 대답할 때는 「❷ ⬚ are + 가격을 나타내는 숫자 + 화폐 단위.」로 말합니다.

답 | ❶ are ❷ They

⊘ 어휘 더하기

두 개가 짝을 이루어 하나가 되는 물건은 항상 복수형으로 씁니다.

boots 부츠	socks 양말
jeans 청바지	shoes 신발
pants 바지	glasses 안경
gloves 장갑	sunglasses 선글라스

확인 1-1

대화에서 B가 가장 좋아하는 과목을 고르시오. (　　　)

> A: What's your favorite subject?
> B: My favorite subject is science.

① 　　②

풀이 | 가장 좋아하는 과목을 말할 때는 「My favorite subject is + ❶ [　　　] 이름.」으로 하며, science는 '❷ [　　] '을 뜻합니다.

답 | ❶ 과목　❷ 과학

1-2 주어진 우리말을 영어로 바르게 옮긴 것을 고르시오.
(　　　)

> 나는 그림 그리는 것을 좋아해.

① I like to play the guitar.
② I like to draw pictures.

확인 2-1

다음에서 묘사하고 있는 사람을 고르시오. (　　　)

> She has short curly hair.

① 　　②

풀이 | 다른 사람의 머리 모양을 묘사할 때는 「He/She ❶ [　　　] + 머리 모양.」으로 말하며, ❷ [　　　] 는 '짧은', curly는 '곱슬거리는'을 뜻합니다.

답 | ❶ has　❷ short

2-2 다음을 읽고, 알맞은 응답을 고르시오. (　　　)

> A: What does he look like?
> B: _____

① He's tall. He has blue eyes.
② He likes to listen to music.

확인 3-1

다음을 읽고, 알맞은 것을 고르시오.

> How much (is / are) these boots?

풀이 | 두 개 이상인 물건의 ❶ [　　　] 을 물을 때는 「How much ❷ [　　　] + 물건 이름?」으로 나타냅니다.

답 | ❶ 가격　❷ are

3-2 대화를 읽고, A가 사려고 하는 것을 고르시오.
(　　　)

> A: How much are these gloves?
> B: They are 5,000 won.

①  ₩9,000　②  ₩5,000

영어

개념 4 과거에 한 일 묻고 답하기

A: What did you do during the vacation?
너는 방학 동안에 무엇을 했니?

B: I visited my uncle in Jeju-do.
나는 제주도에 계신 삼촌을 방문했어.

» 상대방이 과거에 한 일을 물을 때 「What ❶ [ ] you do + 과거의 때를 나타내는 말?」로 말합니다.

» 과거에 한 일을 말할 때는 동사의 ❷ [ ] 을 사용합니다.

답 | ❶ did ❷ 과거형

✓ 표현 더하기

- 동사의 과거형은 visited, played처럼 주로 동사의 끝에 -ed를 붙이지만 ate, went처럼 불규칙하게 변하는 동사도 있습니다.

- **과거의 때를 나타내는 말**
yesterday 어제
last weekend 지난 주말에
last winter 지난 겨울에

개념 5 미래에 할 일 묻고 답하기

A: What will you do this summer?
너는 이번 여름에 무엇을 할 거니?

B: I will join a space camp.
나는 우주 캠프에 참가할 거야.

» 미래에 무엇을 할 것인지 물을 때는 「What will you do + ❶ [ ] 의 때를 나타내는 말?」로 표현하고, 「I ❷ [ ] + 행동을 나타내는 말.」로 대답합니다.

답 | ❶ 미래 ❷ will

✓ 표현 더하기

- I will은 I'll로 줄여 말할 수 있습니다.

- **미래의 때를 나타내는 말**
tomorrow 내일
this weekend 이번 주말에
this Saturday 이번 주 토요일에
this afternoon 오늘 오후에

개념 6 하고 싶은 일 묻고 답하기

A: What do you want to do?
너는 무엇을 하고 싶니?

B: I want to go to the beach.
나는 바닷가에 가고 싶어.

» 상대방이 지금 무엇을 하고 싶은지 물을 때는 What do you ❶ [ ] to do?라고 말합니다.

» 하고 싶은 일을 말할 때는 「I want ❷ [ ] + 행동을 나타내는 말.」로 합니다.

답 | ❶ want ❷ to

✓ 표현 더하기

'~하고 싶다'라고 말할 때 want to 뒤에 동사원형을 씁니다.

want to go 가고 싶다
want to swim 수영하고 싶다
want to eat 먹고 싶다
want to travel 여행하고 싶다

확인 4-1

대화를 읽고, 알맞은 것을 고르시오.

> A: What (do / did) you do last week?
> B: I saw a musical.

풀이 | 질문에 ❶ [　　　]의 때를 나타내는 말 last week 가 있고 B가 무엇을 했는지 과거형으로 답하고 있으므로, do의 과거형 ❷ [　　　]를 사용해야 합니다.

답 | ❶ 과거 ❷ did

4-2 빈칸에 알맞은 것을 보기에서 골라 쓰시오.

┌ 보기 ┐
go　　　went

I _____ to the park yesterday.

확인 5-1

다음을 읽고, 알맞은 것을 고르시오. (　　　)

> A: _____
> B: I will take a bike tour.

① What will you do this summer?
② What did you do last winter?

풀이 | B가 I will take a bike tour.라고 ❶ [　　　]의 계획에 대해 답하고 있으므로, A는 미래를 나타내는 말 ❷ [　　　]을 사용하여 물어야 합니다.

답 | ❶ 미래 ❷ will

5-2 대화를 읽고, B가 이번 주 토요일에 할 일을 고르시오. (　　　)

> A: What will you do this Saturday?
> B: I'll visit my grandparents.

① 　　②

확인 6-1

빈칸에 알맞은 것을 보기에서 골라 쓰시오.

┌ 보기 ┐
play　　　want

A: What do you _____ to do?
B: I want to play soccer.

풀이 | 상대방에게 하고 싶은 일을 물을 때는 ❶ [　　　] do you want to do?라고 말하고, 자신이 하고 싶은 일을 말할 때는 I ❷ [　　　] to ~.라고 표현합니다.

답 | ❶ What ❷ want

6-2 다음을 읽고, 알맞은 그림을 고르시오. (　　　)

> I want to watch TV.

① 　　②

체크 1-1 좋아하는 것 말하기

다음을 듣고, 그림에 알맞은 말을 고르시오. (   )

①   ②   ③   ④

도움말

좋아하는 활동을 말할 때는 「I like to + 활동을 나타내는 말.」
로 표현합니다.

1-2

대화를 듣고, 여자아이가 가장 좋아하는 과목을 고르시오.
(   )

① 과학   ② 미술   ③ 수학   ④ 국어

체크 2-1 외모 묘사하기

대화를 듣고, Tom의 외모의 특징을 고르시오. (   )

① 눈이 갈색이다.
② 키가 크다.
③ 짧은 곱슬머리이다.

도움말

다른 사람의 눈 색깔을 묘사할 때 「He/She has + 색깔 +
eyes.」라고 말하고, 머리 모양을 설명할 때는 「He/She
has + 형용사 + hair.」라고 표현합니다.

2-2

대화를 듣고, 여자아이의 옷차림으로 알맞은 것을 고르시오.
(   )

①   ②   ③

체크 3-1 하고 싶은 일 묻고 답하기

대화를 듣고, 남자아이가 하고 싶어하는 것을 고르시오.
(   )

①   ②    ③

도움말

하고 싶은 것을 말할 때 I want to 뒤에 '행동을 나타내는 말'
을 넣어 표현합니다.

3-2

대화를 듣고, 여자아이가 하고 싶어하는 것을 고르시오.
(   )

① 영화 보기
② 야구하기
③ 자전거 타기

체크 4-1 물건의 가격 묻고 답하기

다음 중 가격을 묻는 말인 것은? (　　　)

① How was your weekend?
② How much are these socks?
③ What time do you get up?

> **도움말**
> 복수형인 물건의 가격을 물을 때는 「How much are + 물건 이름?」으로 말합니다.

4-2

Lisa가 사려는 물건으로 알맞은 것은? (　　　)

> Lisa: How much are these pants?
> Clerk: They are 9,000 won.

①

②

③

체크 5-1 미래에 할 일 묻고 답하기

Kate가 이번 여름에 할 일로 알맞은 것은? (　　　)

> Jake: What will you do this summer?
> Kate: I'll join a music camp.

①

②

③

> **도움말**
> 미래의 계획을 물을 때는 「What will you do + 미래의 때를 나타내는 말?」로 묻고, 「I will + 행동을 나타내는 말.」로 대답합니다.

5-2

질문에 대한 응답으로 알맞은 것은? (　　　)

> What will you do tomorrow?

① I ate pizza with my sister.
② I'll watch a movie.
③ My favorite subject is art.

체크 6-1 과거에 한 일 묻고 답하기

수호가 주말에 한 일로 알맞은 것은? (　　　)

> Mina: How was your weekend, Suho?
> Suho: It was great. I swam at the beach.

① 해변에서 수영을 했다.
② 가족과 소풍을 갔다.
③ 바이올린을 배웠다.

> **도움말**
> How was your weekend?는 과거의 경험이 어땠는지 묻는 표현입니다. 과거에 한 일을 말할 때는 동사의 과거형을 써서 말합니다.

6-2

Ann이 할 말로 알맞은 것은? (　　　)

> Ann: _____
> Sam: I went camping with my friends.

① What do you want to do?
② What did you do during the vacation?
③ What will you do this afternoon?

영어

개념 1 학년 묻고 답하기

A: **What grade are you in?**
너는 몇 학년이니?

B: **I'm in the sixth grade.**
나는 6학년이야.

» 상대방의 ❶[   ]을 물을 때는 What grade are you in?이라고 말합니다.

» 자신의 학년을 말할 때는 「I'm ❷[   ] the + 서수 + grade.」로 표현합니다.

답 | ❶ 학년 ❷ in

✓ 어휘 더하기

서수: 순서를 나타낼 때 쓰는 말

first 첫 번째의	fourth 네 번째의
second 두 번째의	fifth 다섯 번째의
third 세 번째의	sixth 여섯 번째의

개념 2 이름의 철자 묻고 답하기

A: **How do you spell your name?**
네 이름의 철자는 어떻게 되니?

B: **K-E-L-L-Y J-O-N-E-S.**
K-E-L-L-Y J-O-N-E-S야.

» 상대방 이름의 ❶[   ]를 물을 때는 How do you spell your name?이라고 말합니다.

» 이름의 철자를 말할 때는 알파벳을 ❷[   ] 글자씩 순서대로 말합니다.

답 | ❶ 철자 ❷ 한

✓ 어휘 더하기

spell은 '철자를 말하다, 철자를 쓰다'라는 뜻입니다.

개념 3 날짜 묻고 답하기

A: **When is your birthday?**
네 생일이 언제니?

B: **It is on May 20th.**
5월 20일이야.

» 특별한 날이나 행사의 ❶[   ]를 물을 때는 '언제'를 뜻하는 의문사 ❷[   ]을 써서 「When is + 특별한 날/행사 이름?」이라고 말합니다.

» 이에 대한 응답은 「It's on + 월 + 일.」로 합니다.

답 | ❶ 날짜 ❷ When

✓ 표현 더하기

'월'의 첫 글자는 항상 대문자로, '일'에 해당하는 숫자는 서수로 쓰고 읽습니다.

날짜 표기	날짜 읽기
July 1st	July first
August 3rd	August third
September 10th	September tenth

확인 1-1

대화를 읽고, 알맞은 것을 고르시오.

A: What (grade / class) are you in?
B: I'm in the first grade.

풀이 | 상대방의 ❶ [ ] 을 물을 때는 ❷ [ ] grade
are you in?이라고 말합니다.

답 | ❶ 학년 ❷ What

1-2 그림을 보고, 빈칸에 알맞은 것을 고르시오. ( )

I'm in the _____ grade.

5 학년

① fifth   ② third   ③ sixth

확인 2-1

대화를 읽고, 알맞은 것을 고르시오.

A: (How / What) do you spell your
   name?
B: K-A-T-E S-M-I-T-H.

풀이 | 이름의 ❶ [ ] 를 말하고 있으므로, 방법을 묻는
의문사 ❷ [ ] 를 사용하여 말합니다.

답 | ❶ 철자 ❷ How

2-2 다음을 읽고, 알맞은 응답을 고르시오. ( )

A: How do you spell your name?
B: _____

① My name is Paul Martin.
② P-A-U-L M-A-R-T-I-N.

확인 3-1

대화를 읽고, 알맞은 것을 고르시오.

A: (When / How) is your birthday?
B: It is on April 2nd.

풀이 | 특별한 날의 ❶ [ ] 를 물어보고 있으므로, 언제
를 나타내는 의문사 ❷ [ ] 을 씁니다.

답 | ❶ 날짜 ❷ When

3-2 그림을 보고, 알맞은 응답을 고르시오. ( )

A: When is the talent
   show?
B: _____

① It is on February 3rd.
② It is on March 9th.

개념 4　아픈 곳 묻고 답하기

A: What's the matter?
　어디가 아프니?

B: I have a toothache.
　나는 이가 아파.

A: That's too bad.
　그것 참 안됐구나.

» 어디가 아픈지 물을 때는 '어디가 아프니?' 또는 '무슨 일이니?'라는 뜻의 What's the 〔❶　　　〕?로 말합니다.

» 증상이나 병명을 말할 때는 「I〔❷　　　〕a + 증상/병명.」이라고 합니다.

답 | ❶ matter　❷ have

✓ 표현 더하기

• What's the matter? 대신 What's wrong?으로도 물어볼 수 있습니다.

• 증상/병명을 나타내는 말
cold 감기
fever 열
runny nose 콧물
headache 두통
toothache 치통
stomachache 복통

개념 5　아픈 증상에 대해 조언하기

A: I have a fever.
　나는 열이 나.

B: Take this medicine and get some rest.
　이 약을 먹고 좀 쉬어.

» 상대방에게 어떤 행동을 하라고 〔❶　　　〕할 때는 〔❷　　　〕으로 시작합니다. 두 문장을 연결하여 말할 때는 and(그리고)를 써서 표현합니다.

답 | ❶ 조언　❷ 동사원형

✓ 표현 더하기

아픈 상대방에게 해줄 수 있는 조언
Drink warm water. 따뜻한 물을 마셔.
Go to bed early. 일찍 잠자리에 들어.
Get some rest here. 여기서 좀 쉬어.
See a dentist. 치과에 가.

개념 6　감정이나 상태의 이유 묻고 답하기

A: Why are you so happy?
　너는 왜 그렇게 행복하니?

B: Because I won the soccer game.
　왜냐하면 나는 축구 경기에서 이겼기 때문이야.

» 상대방의 감정이나 상태에 대한 이유를 물을 때 「❶〔　　　〕are you + 감정/상태를 나타내는 말?」로 묻습니다.

» 이에 답할 때는 '왜냐하면'이라는 뜻의 〔❷　　　〕를 사용하여 대답합니다.

답 | ❶ Why　❷ Because

✓ 어휘 더하기

감정이나 상태를 나타내는 말
sad 슬픈
tired 지친, 피곤한
excited 신이 난, 흥분한
upset 속상한
worried 걱정하는

확인 4-1

그림을 보고, 알맞은 표현을 고르시오. (　　　)

① I have a toothache.

② I have a cold.

풀이 | 증상을 말할 때는 「I ❶ [　　] a + 증상.」이라고 표현하고, '치통'은 영어로 ❷ [　　] 입니다.

답 | ❶ have ❷ toothache

4-2 대화를 읽고, 알맞은 것을 고르시오.

A: What's wrong?

B: I have a headache.

A: That's (great / too bad).

확인 5-1

대화를 읽고, 알맞은 것을 고르시오.

A: I have a fever.

B: Take this medicine (and / but) get some rest.

풀이 | 상대방에게 어떤 행동을 하라고 ❶ [　　] 할 때는 동사원형으로 시작하고, 두 문장을 연결할 때는 ❷ [　　] 를 씁니다.

답 | ❶ 조언 ❷ and

5-2 의사의 처방을 읽고, 알맞은 것을 고르시오.

(　　　)

Take this medicine and drink warm water.

① 　②

확인 6-1

대화를 읽고, 알맞은 것을 고르시오.

A: (Why / How) are you upset?

B: Because I lost my watch.

풀이 | 상대방의 감정에 대한 ❶ [　　] 를 물어보고 있으므로, ❷ [　　] 로 묻고, Because ~로 대답합니다.

답 | ❶ 이유 ❷ Why

6-2 다음을 읽고, 알맞은 응답을 고르시오. (　　　)

A: Why are you excited?

B: _____

① Yes, I want pizza.

② Because I won the baseball game.

듣기평가

체크 1-1 학년 묻고 답하기

대화를 듣고, 남자아이가 몇 학년인지 고르시오.
(   )

① 1학년　　② 2학년　　③ 3학년

도움말

자신의 학년을 말할 때는 「I'm in the + 서수 + grade.」로 표현합니다.

1-2

다음을 듣고, 이어질 응답으로 알맞은 것을 고르시오.
(   )

> What grade are you in?

①　　　②　　　③　　　④

체크 2-1 이름의 철자 묻고 답하기

다음을 듣고, 빈칸에 알맞은 말을 고르시오. (   )

Alice: My name is Alice Brown.
Tom: _____
Alice: A-L-I-C-E B-R-O-W-N.

①　　　②　　　③

도움말

주어진 응답은 이름의 철자로 답하고 있으므로, 이름의 철자를 묻는 질문이 알맞습니다.

2-2

대화를 듣고, 여자아이의 이름으로 알맞은 것을 고르시오.
(   )

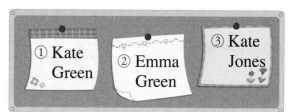

① Kate Green　② Emma Green　③ Kate Jones

체크 3-1 날짜 묻고 답하기

다음을 듣고, 그림에 알맞은 말을 고르시오. (   )

①　　②　　③　　④

도움말

행사의 날짜를 말할 때 「It's on + 월 + 일.」로 표현합니다.
5월은 May, 14일은 th를 붙여서 fourteenth로 읽습니다.

3-2

대화를 듣고, 남자아이의 생일을 고르시오. (   )

① March 2nd
② July 24th
③ August 23rd

체크 4-1 아픈 곳 묻고 답하기

대화의 내용과 일치하는 것은? (   )

> Ted: Lia, what's the matter?
> Lia: I have a cold.
> Ted: That's too bad.

① Lia는 배가 아프다.
② Lia는 감기에 걸렸다.
③ Ted와 Lia는 콧물이 난다.

도움말

증상을 말할 때는 「I have a + 증상.」으로 말하고, 아픈 상대방에게는 위로의 표현으로 That's too bad.라고 말합니다.

4-2

자연스러운 대화가 되도록 문장을 바르게 배열한 것은?

(   )

> (A) Oh, that's too bad.
> (B) I have a runny nose.
> (C) What's wrong?

① (C) → (A) → (B)
② (A) → (C) → (B)
③ (C) → (B) → (A)

영어

체크 5-1 아픈 증상에 대해 조언하기

빈칸에 들어갈 말이 순서대로 짝 지어진 것은? (   )

> Judy: I have a stomachache.
> Ben: _____ this medicine _____
>   get some rest.

① You – or   ② Take – and   ③ Took – or

도움말

상대방에게 어떤 행동을 하라고 조언할 때 동사원형으로 시작하고, 두 문장을 연결하여 말할 때 and를 씁니다.

5-2

다음 중 그림의 상황에서 필요한 조언으로 알맞은 것은?

(   )

① I'm in the fourth grade.
② It is on June 1st.
③ Go and see a dentist.

체크 6-1 감정/상태의 이유 묻고 답하기

빈칸에 들어갈 말로 알맞은 것은? (   )

> Jack: Why are you so _____?
> Mia: Because I lost my dog.

① sad   ② happy   ③ tired

도움말

상대방의 감정이나 상태에 대한 이유를 말할 때, '왜냐하면'이라는 뜻의 Because를 사용합니다.

6-2

대화의 내용과 일치하지 <u>않는</u> 것은? (   )

> Ann: Why are you so worried?
> Roy: Because I have a math test tomorrow.

① Roy는 걱정하고 있다.
② Roy는 수학 숙제를 하지 않았다.
③ Roy는 내일 수학 시험이 있다.

개념 7 초대하고 이를 수락하거나 거절하기

A: Can you come to my birthday party?
내 생일 파티에 올 수 있니?

B: Of course. 물론이지.

Sorry, I can't. (I'm busy.) 미안하지만 안 돼. (나는 바빠.)

» 상대방을 ❶ [   ] 할 때는 Can you come to ~?로 표현할 수 있습니다.

» 이에 수락할 때는 Of course., 거절할 때는 ❷ [   ], I can't.라고 하고 거절하는 이유를 덧붙여 말할 수 있습니다.

답 | ❶ 초대 ❷ Sorry

✓ 표현 더하기

• 상대방을 초대할 때는 Will you come to ~?라고 말할 수도 있습니다.

• 초대에 수락하는 그 밖의 표현
Okay. 좋아.
Sure. 물론이지.
Yes, I can. 응, 그래.

개념 8 길 묻고 답하기

A: Where is the library?
도서관이 어디에 있나요?

B: Go straight one block and turn right.

It's next to the police station.
곧장 한 구역을 가서 오른쪽으로 도세요. 그것은 경찰서 옆에 있어요.

» 위치나 ❶ [   ] 을 물을 때는 「❷ [   ] is + 장소/건물 이름?」이라고 말합니다.

» 이에 대한 응답은 「It's + 위치를 나타내는 말 + 장소/건물 이름.」으로 합니다.

답 | ❶ 길 ❷ Where

✓ 표현 더하기

• 길을 설명하는 말
go straight 곧장 가다
turn right 오른쪽으로 돌다
turn left 왼쪽으로 돌다

• 위치를 나타내는 말
next to ~ 옆에   in front of ~ 앞에
behind ~ 뒤에   between ~ 사이에

개념 9 반복 요청하기

A: The bookstore is in front of the bakery.
서점은 빵집 앞에 있어요.

B: Could you say that again, please?
다시 한번 말씀해 주시겠어요?

A: The bookstore is in front of the bakery.
서점은 빵집 앞에 있어요.

» 상대방에게 한 말을 다시 한번 말해 달라고 ❶ [   ] 할 때는 Could you say that again, ❷ [   ]?라고 합니다.

답 | ❶ 요청 ❷ please

✓ 표현 더하기

• 반복을 요청하는 그 밖의 표현
What did you say?
Pardon (me)?
Excuse me?
(I'm) Sorry?

• (I'm) Sorry?는 끝을 올려 말하고, '뭐라고요?'라는 뜻입니다.

확인 7-1

상대방을 초대하는 말을 고르시오. (　　)

① Do you come to my birthday party?
② Can you come to my birthday party?

풀이 | 상대방을 ❶ [　　] 할 때는, ❷ [　　] you come to ~?라고 말합니다.

답 | ❶ 초대　❷ Can

7-2 상대방의 초대를 수락하는 응답을 고르시오.
(　　)

A: Can you come to the school market?
B: _____

① Of course.
② Sorry, I can't.

확인 8-1

대화를 읽고, 알맞은 것을 고르시오.

A: (What / Where) is the supermarket?
B: It's next to the post office.

풀이 | 슈퍼마켓의 ❶ [　　] 를 묻고 있으므로, '어디에'를 나타내는 의문사 ❷ [　　] 를 씁니다.

답 | ❶ 위치　❷ Where

8-2 그림을 보고, 빈칸에 알맞은 것을 보기에서 골라 쓰시오.

보기
right　　　　left

Go straight two blocks and turn _____.
It's on your left.

확인 9-1

상대방에게 한 말을 다시 한번 말해 달라고 할 때 알맞은 것을 고르시오. (　　)

① I'm so sorry.
② Could you say that again, please?

풀이 | 반복을 ❶ [　　] 할 때는 ❷ [　　] you say that again, please?라고 말합니다.

답 | ❶ 요청　❷ Could

9-2 대화를 읽고, 알맞은 것을 고르시오. (　　)

A: The school is next to the bookstore.
B: _____
A: The school is next to the bookstore.

① Excuse me?
② Yes, I can.

개념 10 계획 묻고 답하기

A: What are you going to do this weekend?
너는 이번 주말에 무엇을 할 거니?

B: I'm going to go hiking with my family.
나는 가족과 함께 하이킹하러 갈 거야.

> 상대방에게 무엇을 할 것인지 ❶ [   ]을 물을 때는 What are you going to do?라고 말합니다.

> '나는 ~할 거야.'라고 미래의 계획을 말할 때는 「I'm ❷ [   ] to + 동사원형 ~.」으로 합니다.

답 | ❶ 계획 ❷ going

⊘ 표현 더하기

What are you going to do? 문장 뒤에는 다음과 같이 때를 나타내는 표현을 덧붙일 수 있습니다.

tomorrow 내일
next week 다음 주에
after school 방과 후에
this vacation 이번 방학에

개념 11 교통수단 묻고 답하기

A: Are you going to go there by plane?
너는 그곳에 비행기를 타고 갈 거니?

B: No, by train.
아니, 기차를 타고 갈 거야.

> '너는 그곳에 ~을 타고 갈 거니?'라는 뜻으로 교통수단을 물을 때는 「Are you going to go there by + ❶ [   ]?」으로 말합니다.

> 이에 대한 응답은 Yes(, I am). 또는 「No, by + 교통수단.」으로 합니다. ❷ [   ]는 '~로, ~을 타고'라는 뜻으로 교통수단을 표현할 때 씁니다.

답 | ❶ 교통수단 ❷ by

⊘ 표현 더하기

교통수단을 나타내는 말

by bus 버스로   by subway 전철로
by ship 배로   by plane 비행기로
by train 기차로   by bicycle/bike
on foot 걸어서   자전거로

개념 12 좋아하는 이유 묻고 답하기

A: Why do you like winter?
너는 왜 겨울을 좋아하니?

B: Because I like snow.
왜냐하면 나는 눈을 좋아하기 때문이야.

> 상대방에게 무엇을 왜 좋아하는지 물을 때는 ❶ [   ] do you like ~?로 말합니다.

> 이에 대한 응답으로 이유를 말할 때는 '왜냐하면'이라는 뜻의 ❷ [   ]를 써서 대답합니다.

답 | ❶ Why ❷ Because

⊘ 표현 더하기

상대방의 감정이나 상태의 이유를 물을 때도 Why를 사용하여 말합니다.

Why are you so happy?
너는 왜 그렇게 행복해하니?

확인 10-1

상대방에게 무엇을 할 것인지 묻는 말로 알맞은 것을 고르시오. (   )

① Where are you going?
② What are you going to do?

풀이 | 상대방에게 무엇을 할 것인지 ❶ [   ]을 물을 때는 What are you ❷ [   ] to do?라고 말합니다.

답 | ❶ 계획 ❷ going

10-2 대화를 읽고, 알맞은 그림을 고르시오. (   )

A: What are you going to do tomorrow?
B: I'm going to go to the zoo.

①  ②

확인 11-1

빈칸에 공통으로 들어갈 말을 고르시오. (   )

A: Are you going to go there _____ train?
B: No, _____ plane.

① by   ② with

풀이 | 교통수단을 묻고 답할 때는 「❶ [   ] + ❷ [   ]」으로 표현합니다.

답 | ❶ by ❷ 교통수단

11-2 그림을 보고, 빈칸에 알맞은 말을 보기에서 골라 쓰시오.

┤보기├
by bicycle   on foot

   I'm going to go there _____.

확인 12-1

대화를 읽고, 알맞은 것을 고르시오.

A: (Why / Who) do you like spring?
B: Because I like flowers.

풀이 | '왜냐하면'이라는 뜻의 ❶ [   ]를 써서 대답했으므로, 이유를 묻는 의문사 ❷ [   ]가 알맞습니다.

답 | ❶ Because ❷ Why

12-2 다음을 읽고, 알맞은 응답을 고르시오. (   )

A: Why do you like summer?
B: _____

① Because I can swim in the sea.
② No, I don't like summer.

듣기평가

체크 1-1 초대하고 이를 수락하거나 거절하기

다음을 듣고, 이어질 응답으로 알맞은 것을 고르시오. ( )

> Can you come to the Christmas party?

① ② ③

도움말
상대방의 초대에 수락할 때는 Of course.로 말할 수 있습니다.

1-2

대화를 듣고, 남자아이가 음식 축제에 갈 수 <u>없는</u> 이유를 고르시오. ( )

① 배가 아파서
② 숙제가 많아서
③ 농구 시합이 있어서

체크 2-1 계획 묻고 답하기

다음을 듣고, 이어질 응답으로 알맞은 것을 고르시오. ( )

> What are you going to do tomorrow?

① ② ③

도움말
상대방에게 내일 계획을 물었으므로, '나는 ~할 거야.'라는 뜻의 「I'm going to + 동사원형 ~.」으로 답합니다.

2-2

대화를 듣고, 여자아이가 방과 후에 할 일을 고르시오. ( )

①  ②   ③

체크 3-1 좋아하는 이유 묻고 답하기

대화를 듣고, 남자아이가 좋아하는 계절과 이유를 고르시오. ( )

① 봄 – 꽃이 좋아서
② 겨울 – 눈이 좋아서
③ 여름 – 수영을 할 수 있어서

도움말
상대방에게 이유를 물을 때는 Why do you like ~?로 말합니다. 응답은 '왜냐하면'이라는 뜻의 Because를 써서 말합니다.

3-2

그림을 보고, 이어질 응답으로 알맞은 것을 고르시오. ( )

① ② ③ ④

체크 4-1 교통수단 묻고 답하기

빈칸에 들어갈 말로 알맞은 것은? (   )

> Sue: Are you going to go there by bus?
> Tom: _____

① No, by train.   ② Yes, it is.
③ No, I don't.   ④ Yes, by car.

도움말
교통수단을 묻고 답할 때는 「by + 교통수단」으로 말합니다.

4-2

Paul이 이용할 교통수단으로 알맞은 것은? (   )

> Paul: I'm going to visit my grandparents.
> Jane: Are you going to go there by ship?
> Paul: No, by plane.

①  ②   ③

체크 5-1 반복 요청하기

상대방이 한 말을 되물을 때 하는 말이 <u>아닌</u> 것은?
                                    (   )

① Why are you sad?
② Excuse me?
③ Could you say that again, please?

도움말
상대방의 말을 되물을 때는 Could you say that again, please?, Excuse me? 등으로 말할 수 있습니다.

5-2

빈칸에 들어갈 말로 알맞은 것은? (   )

> Jack: The bus stop is next to the bank.
> Lucy: _____
> Jack: The bus stop is next to the bank.

① Where is the bank?
② Are you going to go to the bus stop?
③ What did you say?

체크 6-1 길 묻고 답하기

빈칸에 들어갈 말로 알맞은 것은? (   )

> A: Where is the supermarket?
> B: It's _____ the post office.

① behind   ② between
③ next to   ④ in front of

도움말
'～ 뒤에'를 뜻하는 표현은 behind이고, '～ 앞에'를 뜻하는 표현은 in front of입니다.

6-2

대화에서 A가 찾는 곳으로 알맞은 것은? (   )

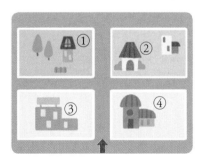

> A: Excuse me. Where is the bakery?
> B: Go straight one block and turn right. It's on your right.

기초성취도 평가 1회

1번~12번 문제는 듣고 푸는 문제입니다. 들려주는 내용을 잘 듣고 물음에 답하기 바랍니다. 내용은 한 번만 들려줍니다.

듣기평가

교과 과정 5학년 2학기

1 다음을 듣고, 남자아이가 지금 하고 있는 일을 고르시오. (   )

교과 과정 6학년 1학기

2 대화를 듣고, 남자아이가 행복한 이유를 고르시오.
                                                            (   )

① 테니스 경기를 이겨서
② 테니스공을 얻게 되어서
③ 테니스를 배우게 되어서

교과 과정 5학년 2학기

3 다음을 듣고, 이어질 응답으로 알맞은 것을 고르시오.
                                                            (   )

① 　　　② 　　　③ 　　　④

교과 과정 6학년 1학기

4 다음을 듣고, 그림과 일치하는 응답으로 알맞은 것을 고르시오. (   )

① 　　　② 　　　③ 　　　④

교과 과정 5학년 2학기

5 대화를 듣고, 여자아이가 지난 주말에 한 일을 고르시오. (   )

①

②

③

④

6 교과 과정 6학년 1학기

대화를 듣고, 여자아이가 생일 파티에 올 수 <u>없는</u> 이유를 고르시오. (　　　)

① 머리가 아파서

② 다른 약속이 있어서

③ 시험공부를 해야 해서

신유형

7 교과 과정 5학년 2학기

다음을 듣고, 여자아이의 응답으로 알맞은 것을 고르시오. (　　　)

①　　　②　　　③　　　④

창의

8 교과 과정 5학년 2학기

대화를 듣고, 내용과 일치하는 인물을 고르시오.

(　　　)

9 교과 과정 5학년 2학기

대화를 듣고, 남자아이의 장래 희망으로 알맞은 것을 고르시오. (　　　)

①  ②

③  ④

10 교과 과정 6학년 1학기

대화를 듣고, 여자아이가 아픈 부위를 우리말로 쓰시오.

아픈 부위: _____

융합

11 교과 과정 5학년 2학기

대화를 듣고, 남자아이가 가장 좋아하는 과목에 ✓표 하고 우리말로 쓰시오.

① ☐　　　② ☐　　　③ ☐

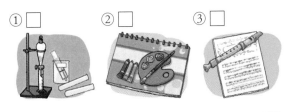

가장 좋아하는 과목: _____

12 대화를 듣고, 빈칸에 공통으로 들어갈 말을 영어로 받아 쓰시오.

교과 과정 6학년 1학기

> What are you _____ to do this Saturday?
>
> I'm _____ to go camping.

➡ ☐ ☐ ☐ ☐ ☐

듣기평가 문제종료 1번~12번까지 듣기 문제가 끝났습니다. 13번~20번까지는 읽고 푸는 문제입니다.

교과 과정 6학년 1학기

13 다음 대화에서 밑줄 친 우리말에 해당하는 영어 표현으로 알맞은 것은? ( )

> A: The bank is next to the hospital.
> B: <u>다시 한번 말씀해 주시겠어요?</u>
> A: The bank is next to the hospital.

① Could you say that again, please?
② Will you go to the bank?
③ What's the matter?

교과 과정 6학년 1학기

14 다음 글의 내용과 일치하지 <u>않는</u> 것은? ( )

> Hi, nice to meet you. My name is Ann. I go to Hanguk Middle School. I am in the first grade.

① Ann은 중학교에 다닌다.
② Ann은 2학년이다.
③ Ann은 자기소개를 하고 있다.

교과 과정 6학년 1학기

15 다음 대화 후에 Paul이 할 일이 <u>아닌</u> 것은?
( )

> Julia: What's wrong?
> Paul: I have a cold.
> Julia: Drink some warm water and get some rest.
> Paul: Okay.

① 약 먹기
② 따뜻한 물 마시기
③ 쉬기

교과 과정 5학년 2학기

16 다음 글의 빈칸에 들어갈 말로 알맞은 것은?
( )

> Bella went shopping with her sister yesterday. She _____ pants and socks.

① buys ② buyed
③ bought ④ will buy

17 [교과 과정] 5학년 2학기 **[코딩]**

다음 카드를 배열하여 문장을 만들려고 한다. 다음 중 알맞은 것은? (   )

subject	favorite
My	math
is	.

① My subject favorite is math.
② My is favorite subject math.
③ My math favorite subject is.
④ My favorite subject is math.

18 [교과 과정] 6학년 1학기 **[신유형]**

오늘 소민이가 서점을 처음 방문했는데, 길을 찾기가 어려워 다른 사람에게 물어보았다. 다음 중 소민이가 찾아간 곳으로 알맞은 것은? (   )

 Where is the bookstore?

Go straight one block and turn left. It's on your right.

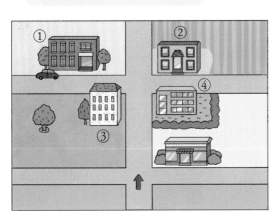

19 [교과 과정] 5학년 2학기

다음 그림을 보고, 대화의 빈칸에 알맞은 단어가 되도록 쓰시오.

Mia: What do you want to do now?
Sam: I want to s_____.

➡  s ☐ ☐ ☐ ☐

20 [교과 과정] 6학년 1학기 **[융합]**

다음 그림을 보고, 빈칸에 알맞은 날짜를 영어와 서수를 이용해 쓰시오.

When is the magic show?

It's on _____ _____.

I can't wait!

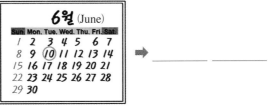

6월 (June)

Sun	Mon.	Tue.	Wed.	Thu.	Fri.	Sat.
			1	2	3	4
5	6	7	8	9	10	11
12	13	14	15	16	17	18
19	20	21	22	23	24	25
26	27	28	29	30		

➡ _____ _____

영어

1번~12번 문제는 듣고 푸는 문제입니다. 들려주는 내용을 잘 듣고 물음에 답하기 바랍니다. 내용은 한 번만 들려줍니다.

듣기평가

교과 과정 5학년 2학기

1 대화를 듣고, 남자아이가 이번 겨울에 할 일로 알맞은 것을 고르시오. (   )

① 매일 일기 쓰기

② 독서 동아리 가입하기

③ 스케이트 타는 법 배우기

교과 과정 5학년 2학기   신유형

2 그림을 보고, 남자아이가 할 말로 알맞은 것을 고르시오. (   )

①   ②   ③   ④

교과 과정 6학년 1학기

3 대화를 듣고, 여자아이가 여름을 좋아하는 이유를 고르시오. (   )

① 방학이 있어서

② 수영하는 것을 좋아해서

③ 하이킹하는 것을 좋아해서

교과 과정 6학년 1학기

4 대화를 듣고, 여자아이가 기르는 개를 고르시오.

(   )

교과 과정 6학년 1학기

5 대화를 듣고, 두 사람이 오늘 오후에 할 일로 알맞은 것을 고르시오. (   )

① 학교에서 방과 후 활동하기

② 체육관에서 운동하기

③ 공원에서 자전거 타기

교과 과정 6학년 1학기

6 대화를 듣고, 여자아이의 상태로 알맞은 것을 고르시오. (   )

①   ②

③   ④

7 다음을 듣고, 이어질 응답으로 알맞은 것을 고르시오.

( )

① ② ③ ④

8 다음을 듣고, 그림과 일치하지 <u>않는</u> 것을 고르시오.

( )

170 cm

① ② ③ ④

9 대화를 듣고, 남자아이의 아빠가 무엇을 하고 있는 지 고르시오. ( )

①  ②

③ ④

10 창의

대화를 듣고, 여자아이의 도서 카드에 알맞은 이름 을 영어로 쓰시오.

Library Card

Name: _____

11 융합

대화를 듣고, 여자아이가 살 것에 ✓표 하고 그 가격 을 숫자로 쓰시오.

① ☐ ② ☐ ③ ☐

가격: _____ dollars

12 대화를 듣고, 빈칸에 들어갈 단어를 영어로 받아 쓰 시오.

Sue: What grade are you in?
Tom: I'm in the s_____ grade.

➡ | s | | | | | |

듣기평가 문제종료 1번~12번까지 듣기 문제가 끝났습니다.
13번~20번까지는 읽고 푸는 문제입니다.

영어

13 | 교과 과정 | 5학년 2학기
다음 대화에서 여자아이의 응답으로 적절하지 <u>않은</u> 것은? (   )

 Let's go swimming.

① Okay.
② Sounds good.
③ It was good.
④ Sorry, I can't. I'm tired.

14 | 교과 과정 | 5학년 2학기
다음 빈칸에 들어갈 말로 알맞은 것은? (   )

I _____ my grandparents yesterday.

① visit
② visited
③ will visit
④ visits

15 | 교과 과정 | 6학년 1학기
다음 대화에서 남자아이가 오늘 밤 파티에 가지 못하는 이유로 알맞은 것은? (   )

 Can you come to my party tonight?

 Sorry, I can't. I have to do my homework.

① 다른 파티에 가야 해서
② 숙제를 해야 해서
③ 몸이 좋지 않아서
④ 일찍 자야 해서

16 | 교과 과정 | 6학년 1학기
다음 글쓴이의 심정으로 적절한 것은? (   )

I am sad because I lost my favorite toy. I got it from my grandma on my birthday.

①
②
③
④

17

교과 과정 5학년 2학기 **코딩**

주어진 대답에 대한 질문이 되도록 카드를 알맞게 배열한 것은? (　　　)

like	does	look
she	What	?

A: _____

B: She has brown eyes and short curly hair.

① What look does she like?
② What does she look like?
③ What she does look like?

18

교과 과정 5학년 2학기 **신유형**

수빈이는 주말에 바다에 놀러 갔고 스마트폰에 일기를 썼다. 수빈이가 하지 <u>않은</u> 것은? (　　　)

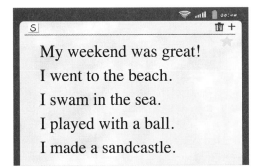

My weekend was great!
I went to the beach.
I swam in the sea.
I played with a ball.
I made a sandcastle.

① 　②

③ 　④

19

교과 과정 6학년 1학기 **창의**

다음 대화를 읽고, 남자아이가 이용할 교통수단을 빈칸에 쓰시오.

Are you going to go to the library by bus?

No, _____.

➡ _____

20

교과 과정 6학년 1학기

다음 대화를 읽고, James가 가려고 하는 장소를 영어로 쓰시오.

James: Excuse me.
　　　　Where is the _____?
Alice: Go straight one block and turn right. It's on your left.

➡ _____

학업성취도 평가 1회

1번~14번 문제는 듣고 푸는 문제입니다. 들려주는 내용을 잘 듣고 물음에 답하기 바랍니다. 내용은 한 번만 들려줍니다.

듣기평가

교과 과정 | 6학년 1학기

1 다음을 듣고, 이름의 철자를 묻는 말로 알맞은 것을 고르시오. [4점] (   )

①   ②   ③   ④   ⑤

신유형

교과 과정 | 5학년 2학기

2 다음을 듣고, 여자아이가 어제 한 일로 그림에 알맞은 것을 고르시오. [4점] (   )

①   ②   ③   ④   ⑤

교과 과정 | 5학년 2학기

3 다음을 듣고, 이어질 응답으로 가장 알맞은 것을 고르시오. [4점] (   )

①   ②   ③   ④   ⑤

교과 과정 | 6학년 1학기

4 대화를 듣고, 남자아이가 사려는 물건을 고르시오. [4점] (   )

①
②
③
④
⑤

영어

교과 과정 5학년 2학기

5 대화를 듣고, 두 사람이 보고 있는 물건과 가격이 바르게 짝 지어진 것을 고르시오. [4점] ( )

물건	가격
① 장갑 —	4달러
② 신발 —	12달러
③ 안경 —	8달러
④ 안경 —	18달러
⑤ 바지 —	20달러

교과 과정 6학년 1학기

6 대화를 듣고, 남자아이가 찾는 장소를 고르시오.

[4점] ( )

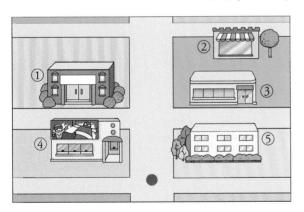

교과 과정 6학년 1학기

7 대화를 듣고, 학교 축제일을 고르시오. [4점]

( )

융합

교과 과정 5학년 2학기

8 대화를 듣고, 이어질 여자의 응답으로 그림에 알맞은 것을 고르시오. [4점] ( )

① Sure.　　　② No, I can't.
③ Of course.　　④ Yes, you can.
⑤ Sorry, you can't.

9 대화를 듣고, 내용과 일치하지 <u>않는</u> 것을 고르시오.

[4점] (　　　)

① 남자아이는 영화표를 가지고 있다.

② 남자아이는 영화를 보러 가고 싶어 한다.

③ 여자아이는 축구 연습을 해야 한다.

④ 여자아이는 영화관에 갈 수 없다.

⑤ 여자아이는 영화 보는 것을 좋아하지 않는다.

교과 과정 5학년 2학기

10 대화를 듣고, 여자아이가 어제 한 일을 고르시오.

[4점] (　　　)

① 　②

③ 　④

⑤

교과 과정 5학년 2학기

11 대화를 듣고, 남자아이가 오후에 하려는 일을 고르시오. [4점] (　　　)

① 　②

③ 　④

⑤

교과 과정 6학년 1학기

12 대화를 듣고, 빈칸에 알맞은 단어를 영어로 쓰시오.

[4점]

A: How do you _____ your name?
B: J-O-H-N S-M-I-T-H.

교과 과정 5학년 2학기

융합

13 대화를 듣고, Jane이 가장 좋아하는 운동과 관계있는 장소를 골라 번호를 쓰고, 운동의 이름을 우리말로 쓰시오. [5점]

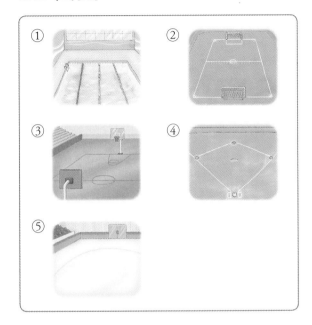

➡ (1) 장소: _____

　(2) 운동의 이름: _____

신유형

교과 과정 6학년 1학기

14 대화를 듣고, 오늘의 날짜를 숫자로 쓰시오. [5점]

오늘의 날짜: _____월 _____일

듣기평가 문제종료　1번~14번까지 듣기 문제가 끝났습니다.
15번~24번까지는 읽고 푸는 문제입니다.

교과 과정 5학년 2학기

15 다음 밑줄 친 I의 장래 희망으로 알맞은 것은? [4점]
(　　)

I want to be a painter.

① 　②

③ 　④

⑤

교과 과정 6학년 1학기

16 다음 글을 쓴 목적으로 알맞은 것은? [4점] (　　)

This Friday is my birthday. Can you come to my birthday party? It will be fun.

Seho

① 감사하려고　　② 사과하려고
③ 초대하려고　　④ 칭찬하려고
⑤ 안부를 물으려고

[교과 과정] 5학년 2학기

17 다음 대화에서 두 사람이 하기로 한 활동으로 알맞은 것은? [4점] (   )

> A: Let's go hiking.
> B: Sounds good. I like hiking.

①

②

③

④

⑤

[교과 과정] 6학년 1학기

18 다음 대화에서 밑줄 친 우리말에 해당하는 영어 표현으로 알맞은 것은? [4점] (   )

> A: You look sick. What's the matter?
> B: <u>저는 열이 나요.</u>

① I have a cold.
② I have a fever.
③ I have a headache.
④ I have a runny nose.
⑤ I have a stomachache.

[교과 과정] 5학년 2학기

19 다음 대화의 빈칸에 들어갈 응답으로 알맞은 것은? [4점] (   )

> A: It's cold. Can I close the window?
> B: _____

① Yes, it is.
② Yes, I can.
③ No, thanks.
④ No, I can't.
⑤ Yes, you can.

[교과 과정] 6학년 1학기   **융합**

20 다음 도로 교통 표지판 중에서 주어진 문장의 의미를 나타내는 것은? [4점] (   )

> Turn right at the corner.

①

②

③

④

⑤

21 〔교과 과정〕 6학년 1학기

다음 대화의 빈칸에 들어갈 말로 알맞지 <u>않은</u> 것은?

[4점] (   )

A: Where is the library?
B: _____
A: Where is the library?
B: It's next to the flower shop.

① Sorry?
② Pardon?
③ Excuse me?
④ What's wrong?
⑤ Could you say that again, please?

22 〔교과 과정〕 6학년 1학기   〔코딩〕

①~⑤ 중, 다음 문장이 들어갈 곳으로 알맞은 것은?

[4점] (   )

Are you going to go there by plane?

A: (①) What are you going to do this vacation?
B: (②) I'm going to visit my cousin in Pohang. (③)
A: Sounds fun. (④)
B: (⑤) No, by train.

23 〔교과 과정〕 6학년 1학기   〔코딩〕

다음 우리말 뜻이 되도록 단어를 배열하여 문장을 쓰시오. [5점]

너는 왜 피곤해하니?

(tired?) (Why) (you) (are)

➡ _____

24 〔교과 과정〕 5학년 2학기   〔신유형〕

다음을 읽고, 내용에 알맞게 그림을 순서대로 배열하시오. [5점]

   I stayed home today. I read a book in the morning. I played the piano after lunch. I listened to music in the evening.

(A)   (B)   (C)

➡ _____ → _____ → _____

듣기평가

1번~14번 문제는 듣고 푸는 문제입니다. 들려주는 내용을 잘 듣고 물음에 답하기 바랍니다. 내용은 한 번만 들려줍니다.

1 교과 과정 6학년 1학기
다음을 듣고, 주어진 응답에 알맞은 질문을 고르시오.
[4점] (   )

> I'm in the first grade.

①   ②   ③   ④   ⑤

2 교과 과정 5학년 2학기
다음을 듣고, 남자아이가 가장 좋아하는 과목을 고르시오. [4점] (   )

①   ②

③   ④

⑤

3 교과 과정 5학년 2학기 **신유형**
다음을 듣고, 이어질 응답으로 가장 알맞은 것을 고르시오. [4점] (   )

①   ②   ③   ④   ⑤

4 교과 과정 6학년 1학기
대화를 듣고, 하나가 파티에 갈 수 <u>없는</u> 이유를 고르시오. [4점] (   )

①    ②

③   ④

⑤

[교과 과정] 5학년 2학기

5 대화를 듣고, 남자아이가 사려는 옷의 가격을 고르시오. [4점] (   )

① 3달러   ② 13달러

③ 20달러   ④ 30달러

⑤ 23달러

[교과 과정] 5학년 2학기

6 대화를 듣고, 여자아이가 여름에 하려는 일을 고르시오. [4점] (   )

①    ②

③    ④

⑤

[교과 과정] 5학년 2학기

7 대화를 듣고, 호민이의 장래 희망을 고르시오. [4점]
(   )

[교과 과정] 6학년 1학기

8 대화를 듣고, Bob이 겨울을 좋아하는 이유를 고르시오. [4점] (   )

① 눈을 좋아해서

② 방학이 있어서

③ 캠핑하러 갈 수 있어서

④ 눈사람을 만들 수 있어서

⑤ 스키를 타러 갈 수 있어서

9 [교과 과정] 6학년 1학기

신유형

대화를 듣고, 그림의 상황과 일치하는 것을 고르시오.
[4점] ( )

① ② ③ ④ ⑤

10 [교과 과정] 6학년 1학기

대화를 듣고, 이어질 여자아이의 응답으로 가장 알맞은 것을 고르시오. [4점] ( )

① I'm Kate Brown.
② I'm fine, thanks.
③ K-A-T-E B-R-O-W-N.
④ I'm twelve years old.
⑤ I'm in the fourth grade.

11 [교과 과정] 5학년 2학기

신유형

대화를 듣고, 자연스러운 것을 고르시오. [4점]

( )

① ② ③ ④ ⑤

12 [교과 과정] 6학년 1학기

대화를 듣고, 재민이의 학년을 숫자로 쓰시오. [4점]

재민이의 학년: _____

13 교과 과정 6학년 1학기

다음을 듣고, 안내하고 있는 장소를 찾아 우리말로 쓰시오. [5점]

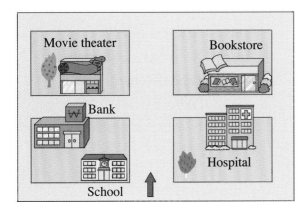

안내하는 장소: _____

14 교과 과정 6학년 1학기

대화를 듣고, 빈칸에 알맞은 단어를 영어로 쓰시오.

[5점]

She is _____ because she lost her dog.

➡

듣기평가 문제종료
1번~14번까지 듣기 문제가 끝났습니다.
15번~24번까지는 읽고 푸는 문제입니다.

15 교과 과정 6학년 1학기

다음 문장의 빈칸에 들어갈 말로 알맞은 것은? [4점]

(   )

I like _____ because it's warm and sunny.

① spring   ② fall
③ winter   ④ summer
⑤ season

16 교과 과정 5학년 2학기

다음 밑줄 친 She에 해당하는 사람은? [4점]

(   )

She has long curly hair and brown eyes.

①    ②

③    ④

⑤

교과 과정 6학년 1학기

17 다음은 기호가 받은 문자 메시지이다. 기호의 상황에서 답장을 보낼 때 할 말로 알맞은 것은? [4점] 창의

( )

Giho, I'll have a snack party tonight. Can you come to my house?

① Okay.
② Yes, I can.
③ Sure, I can.
④ Sorry, I can't.
⑤ Sounds good!

교과 과정 5학년 2학기

18 다음 대화의 빈칸에 들어갈 말로 알맞은 것은? [4점]

( )

A: I'll join a science camp during the vacation. What will you do?
B: _____

① It was good.
② I'll learn Chinese.
③ I went to the beach.
④ I have a robot class.
⑤ I'm taking pictures.

교과 과정 6학년 1학기

19 다음 대화 후 Eric이 이어서 할 행동으로 알맞은 것은? [4점] ( )

Dave: Are you okay?
Eric: No, I have a stomachache.
Dave: Take this medicine.
Eric: Okay, I will.

① 집에 간다.
② 자러 간다.
③ 병원에 간다.
④ 휴식을 취한다.
⑤ 약을 먹는다.

교과 과정 6학년 1학기

20 자연스러운 대화가 되도록 주어진 문장을 바르게 배열한 것은? [4점] ( ) 코딩

What are you going to do after school?

(A) I'm going to buy a new cap.

(B) I'm going to go shopping.

(C) What are you going to buy?

① (A)-(B)-(C)
② (B)-(C)-(A)
③ (A)-(C)-(B)
④ (B)-(A)-(C)
⑤ (C)-(A)-(B)

21 교과 과정 5학년 2학기

다음 대화의 빈칸에 들어갈 응답으로 알맞은 것은?

[4점] ( )

> A: Can I use your cellphone?
> B: _____ Here you are.

① Yes, I am.
② No, thanks.
③ No, I don't.
④ Yes, you can.
⑤ Sorry, you can't.

22 교과 과정 5학년 2학기 신유형

다음은 민호가 쓴 일기이다. 민호가 오늘 한 일로 알맞은 것은? [4점] ( )

> 8월 20일 목요일 ☀
>
> I went to the concert today. I met my favorite singer. I had a fun time.

①  ②

③  ④

⑤

23 교과 과정 5학년 2학기

다음 대화의 밑줄 친 우리말을 영어로 옮길 때, 빈칸에 알맞은 단어를 영어로 쓰시오. [5점]

> A: 그는 어떻게 생겼니?
> B: He's tall. He has big eyes.

> What does he _____ like?

➡ ☐ ☐ ☐ ☐

24 교과 과정 5학년 2학기, 6학년 1학기 신유형

다음 대화를 읽고, 빈칸에 알맞은 말을 쓰시오. [5점]

> Kate: What grade are you in?
> Paul: I'm in the sixth grade.
> Kate: What do you want to be?
> Paul: I want to be a reporter like my father.

> 폴은 _____(1)_____ 학년이고, _____(2)_____ 가 되고 싶어 한다.

➡ (1) _____ (숫자로)

(2) _____ (우리말로)

미래를 바꾸는
긍정의 한 마디

멀리 갈 위험을 감수하는 자만이
얼마나 멀리 갈 수 있는지 알 수 있다.

T.S. 엘리엇(T.S. Eliot)

'실패는 성공의 어머니'라는 옛말이 있습니다.

그러니 어떤 일에 도전해 실패하더라도, 끝난 것이 아니라

성공을 위한 발판을 마련한 것이라고 자신을 다독여 주세요.

도전하지 않으면 얻을 수 있는 것도 없답니다.

도전하는 여러분의 멋진 결과를 기대할게요. 파이팅!

천재교육과 함께 배움에 대한 도전 정신을 불 태워 보시길!

COMPUTER BASED TEST

정답과 풀이

초**6**

국어

영어

천재교육

정답과 풀이
포인트 3가지

▶ 혼자서도 이해할 수 있는 친절한 문제 풀이

▶ 문제 해결에 필요한 핵심 내용

▶ 틀리기 쉬운 내용

정답과 풀이

5쪽 · 개념 확인 · 국어 5-2

1-1 ②
1-2 (1) 경청 (2) 처지 (3) 기분
2-1 ㉠, ㉢   2-2 조건
3-1 (2) ○   3-2 ①

1-2 공감하는 대화를 하려면 상대의 말을 주의 깊게 잘 듣고, 상대의 처지에서 생각하며 상대의 기분을 고려하여 말해야 합니다.

2-2 그 의견이 문제 해결에 적합한지, 그 의견대로 실천하려면 무엇이 필요한지 의견 실천에 필요한 조건을 따져 보는 과정입니다.

3-2 석빙고가 어떻게 낮은 온도를 유지할 수 있는지 원리를 설명하는 글입니다. 더운 공기가 위로 올라간다는 열의 대류 현상을 떠올리면 원리를 쉽게 이해할 수 있습니다.

7쪽 · 개념 확인 · 국어 5-2

4-1 ㉣, ㉤
4-2 (1) ② (2) ① (3) ③
5-1 ②   5-2 ②
6-1 까다로워서   6-2 ③

4-2 글을 쓰는 차례 중 내용 생성하기는 쓸 내용을 떠올리는 과정이고, 내용 조직하기는 쓸 내용의 순서를 처음, 가운데, 끝 부분으로 나누어 짜임을 만드는 과정입니다.

5-2 바람은 '불고' 비는 '내린다'고 표현하므로 '바람과 비가 내렸다'는 호응이 바르지 않습니다. 주어가 '바람과 비'이므로 바람에 어울리는 서술어와 비에 어울리는 서술어를 모두 써 주어야 합니다. '바람이 불고 비가 내렸다'고 해야 자연스러운 표현이 됩니다.

6-2 '소리가 잘 들리지 않으면'으로 보아 '난청'이 소리를 잘 들을 수 없는 상태를 뜻하는 말임을 짐작할 수 있습니다.

8~9쪽 · 교과서 체크 · 국어 5-2

체크 1-1 지식	1-2 ②
체크 2-1 ②	2-2 (1) ① (2) ②
체크 3-1 ②	3-2 ③
체크 4-1 ②	4-2 ③
체크 5-1 (1) 중심 내용 (2) 삭제	5-2 ③
체크 6-1 ②	6-2 (1) ① (2) ②

체크 1-1 줄다리기와 관련된 풍물놀이에 대한 지식을 떠올려서 글을 읽었습니다. 지식이나 경험을 떠올려 글을 읽으면 글 내용을 깊이 이해할 수 있습니다.

1-2 지식이나 경험(자신이 실제로 해 보거나 겪어 본 일)을 떠올려 글을 읽으면 이미 아는 내용과 비교하며 글을 읽을 수 있습니다.

체크 2-1 체험한 일에 대해 글을 쓸 때는 인상 깊은 체험을 떠올린 뒤 체험과 감상을 간단히 정리하고 글을 씁니다.

2-2 체험은 자신이 실제로 겪은 일, 경험한 일 등을 말하고, 감상은 그에 대한 생각이나

느낌을 말합니다.

체크 3-1 토론에서 처음 주장 펼치기를 한 뒤에는 상대의 주장을 반박(어떤 의견, 주장, 논설 따위에 반대하여 말하는 것)하는 반론하기를 합니다.

3-2 반론하기는 상대편 주장에 대한 반박하기이므로 ③과 같이 상대편 주장이 타당하지 않음을 밝히기 위한 질문을 합니다.

체크 4-1 '내일'은 미래를 나타내는 시간 표현이므로 서술어도 '만날 거야'와 같이 미래를 나타내어야 합니다.

4-2 '여간'은 '그 상태가 보통으로 보아 넘길 만한 것임을 나타내는 말'로, 주로 부정의 의미를 나타내는 말과 함께 쓰입니다.

체크 5-1 글을 요약할 때에는 문단의 중심 내용을 찾아 중요한 내용만 간단히 간추립니다.

5-2 동물들은 무엇을 이용해서 많은 먹이를 나르는지 설명하는 글이므로 다람쥐가 볼주머니를 이용해 먹이를 나른다는 내용을 요약할 수 있습니다.

체크 6-1 면담은 대상을 직접 만나 정보를 얻기 때문에 자세한 정보를 수집할 수 있지만 조사 대상과 미리 만날 시간과 장소를 정해야 하기 때문에 시간이 많이 걸린다는 단점이 있습니다.

6-2 직접 관찰하는 조사 방법은 현장에서 조사 대상을 파악할 수 있다는 장점이 있지만 설문지를 이용한 조사 방법은 설문에서 답한 내용 외에는 자세한 내용을 알기 어렵습니다.

11쪽	개념 확인	국어 6-1 ㉠

1-1 (1) 마음　(2) 호수　(3) 맑다
1-2 ①
2-1 (1) ⓛ　(2) ㉠
2-2 (1) 전개, 갈등　(2) 절정
3-1 ①
3-2 (1) 이야기 구조　(2) 삭제

1-2 '어머니 마음은 난로이다.'는 은유법으로 표현한 것입니다. '수박이 설탕같이 달콤하다.'와 '꽃처럼 아름다운 우리 가족은 언제나 밝게 웃어요.'는 직유법으로 표현한 것입니다.

2-2 갈등은 서로의 생각이나 처지 등이 달라서 맞부딪치는 것입니다.

3-2 전체 이야기를 이야기 구조에 따라 나누는 것이 요약의 첫걸음입니다.

13쪽	개념 확인	국어 6-1 ㉠

4-1 (1) ①　(2) ②　　　　4-2 ③
5-1 (1) 주장　(2) 근거
5-2 (1) 본론　(2) 서론
6-1 ②　　　　　　　　6-2 ①

4-2 사라진 직업인 보부상의 모습을 생생하게 보여 주기에 동영상이 알맞습니다.

5-2 본론은 서론에서 글쓴이가 제시한 주장의 근거와 그 근거를 뒷받침하는 내용으로 구성합니다.

6-2 "티끌 모아 태산"은 아무리 작은 것이라도 모이고 모이면 나중에 큰 덩어리가 된다는 뜻의 속담입니다.

14~15쪽	교과서 체크	국어 6-1 ㉮

체크 1-1 ①	1-2 ①
체크 2-1 ②	2-2 ①
체크 3-1 ③	3-2 ①
체크 4-1 ③	4-2 ③
체크 5-1 ①	

5-2 (1) 주관적인 표현　(2) 단정하는 표현

체크 6-1 ②	6-2 ①

체크 1-1 만나면 얼싸안는 친구의 모습이 풀잎하고 헤어졌다가 되찾아 온 바람과 닮았기 때문입니다.

1-2 '봄비 내리는 소리'를 '교향악'으로 비유한 것처럼 '~은/는 ~이다'로 빗대어 표현하는 방법을 은유법이라고 합니다.

체크 2-1 이야기 구조는 '발단-전개-절정-결말'의 순서입니다.

2-2 결말에서 사건이 해결되고 마무리됩니다.

체크 3-1 이야기 흐름에서 중요하지 않은 내용은 삭제하거나 간단히 씁니다.

3-2 원님이 염라대왕에게 이승에서 좀 더 살게 해 달라고 간청한 일이 원인이 되어 염라대왕이 원님을 저승사자에게 돌려보낸 결과가 나타난 것입니다.

체크 4-1 자료를 활용하면 말하려는 내용을 생생하고 효과적으로 전달할 수 있습니다.

4-2 자료를 활용할 때에는 자료를 가져온 곳을 꼭 밝혀야 합니다.

체크 5-1 주장에 대한 근거는 여러 개이며, 주장은 정확한 표현으로 나타나야 합니다.

5-2 (1)에서 사용한 '나는 ~을/를 좋아한다.'와 같은 주관적인 표현으로는 다른 사람을 논리적으로 설득하기 어렵습니다. 논설문에서는 객관적인 표현, 정확한 표현을 써야 합니다.
(2)에서 사용한 '절대로'와 같이 어떤 사실을 딱 잘라 판단하거나 결정해 단정하는 표현은 조심해서 써야 합니다. 그래서 (2)의 문장은 '국립 공원에 케이블카를 설치해서는 안 된다.'와 같이 쓰는 것이 좋습니다.

체크 6-1 "우물을 파도 한 우물을 파라."는 우물을 팔 때에는 여기저기 자주 바꾸어 파지 말고 한 곳만 파야 물이 나온다는 뜻으로, 어떤 일이든 한 가지 일을 끝까지 해야 성공할 수 있다는 말입니다.

6-2 ①은 무슨 일이나 여러 사람이 힘을 합하면 쉽게 잘 이룰 수 있다는 말입니다. ②~④는 주관하는 사람 없이 여러 사람이 자기주장만 내세우면 일이 제대로 되기 어렵다는 뜻입니다.

17쪽	개념 확인	국어 6-1 ㉯

1-1 (2) ○	1-2 많다
2-1 ②	2-2 ①
3-1 ②	3-2 (2) ○

1-2 ㉠을 바탕으로 하여 융건릉과 용주사에도 볼거리가 많다는 사실을 추론할 수 있습니다.

2-2 조사 날짜와 시간, 조사 장소, 준비물, 조사 방법, 조사 자료, 주의할 점을 정하여 조사 계획을 세울 수 있습니다.

3-2 주장에 대한 근거로 긍정하는 말과 고운 우리말을 사용했을 때의 좋은 점이 나타난 (2)가 알맞습니다.

19쪽	개념 확인	국어 6-1 ❹
4-1 (1) ○		4-2 ③
5-1 (1) ② (2) ①		5-2 (2) ○
6-1 ②		6-2 (1) ② (2) ①

4-2 글의 제목, 자주 사용하거나 중요하다고 생각하는 낱말, 중심 문장을 살펴보면 글의 주제를 파악할 수 있습니다.

5-2 '나'가 버들이에게 기와집을 지어 주려고 돈을 만들고 부자들의 보물도 훔친 것으로 보아 사랑을 추구한다는 것을 알 수 있습니다.

6-2 마음을 나누는 글을 쓸 때에는 나누려는 마음이 잘 드러나게 쓰고, 읽을 사람과의 관계를 고려해서 표현해야 합니다.

20~21쪽	교과서 체크	국어 6-1 ❹
체크 1-1 ①, ②		1-2 ③
체크 2-1 ②		2-2 ①
체크 3-1 ①		3-2 ②
체크 4-1 ②		4-2 비교
체크 5-1 ①		5-2 ③

체크 1-1 '쌓다'는 여러 가지 뜻이 있는 다의어이고, '감상'은 형태가 같지만 뜻이 다른 동형어입니다.

1-2 국어사전으로 보아 ⊙은 동형어이고, '부르다"의 뜻으로 사용되었다는 것을 알 수 있습니다.

체크 2-1 정아는 '즉위식'의 앞뒤 부분을 살펴보고 그 뜻을 추론하였습니다.

2-2 ⊙ 뒤에 '휘말리면서'라는 말이 있는 것으로 보아 혼란스러운 상태라는 뜻을 나타낸다고 추론할 수 있습니다. ②는 '행궁', ③은 '거처'의 뜻입니다.

체크 3-1 사례를 통해 학생들이 욕을 너무 많이 사용하고 있다는 것을 알 수 있습니다.

3-2 두 친구는 배려하는 말을 하지 않고 비속어를 사용하며 서로 비난하고 있습니다. 따라서 상대의 기분을 상하지 않게 하고, 배려하는 말을 할 수 있도록 고쳐 나가야 합니다.

체크 4-1 인물이 추구하는 가치를 자신의 삶과 관련 짓는 여러 가지 방법을 생각해 봅니다. '이야기와 관련한 자신의 경험을 생각해 본다.', '인물과 자신의 삶을 비교해 보고 느낀 점을 생각해 본다.', '자신이 처한 문제나 고민을 해결하는 데 도움을 준 인물의 말과 행동을 생각해 본다.'와 같은 방법으로 인물이 추구하는 가치를 자신의 삶과 관련지을 수 있습니다.

4-2 승수는 왕가리 마타이와 자신의 부모님이 추구하는 삶을 비교하고, 그것을 통해서 어떤 느낌을 받았는지 말하였습니다. 따라서 '인물과 자신의 삶을 비교해 보고 느낀 점을 생각해 보았다.'가 알맞습니다.

체크 5-1 마음을 나누는 글을 쓰기 위해서는 일어난 사건, 일어난 사건에 대한 자신의 생각이나 행동, 나누려는 마음 등의 내용을 생각해 보아야 합니다.

5-2 나누려는 마음을 정리한 것은 ③입니다. ①은 일어난 사건이 무엇인지, ②는 일어난 사건에 대해 자신의 생각이나 행동이 어떠했는지 정리한 것입니다.

22~27쪽	기초성취도 평가		국어 1회
1 ②	**2** ③	**3** 인재	**4** ④
5 ④	**6** (가)	**7** ②	**8** ③
9 ④	**10** ②	**11** 끝	**12** ④
13 악기	**14** ①	**15** ①	**16** ③
17 ③	**18** ①	**19** 산	**20** ③

듣기 내용   기초성취도 평가   국어 1회

1번, 2번

사회자: 지금부터 "학급 임원은 반드시 필요하다."
라는 주제로 토론을 시작하겠습니다. 먼저 찬성
편이 주장을 펼치겠습니다.

찬성편: 저희 찬성편은 "학급 임원은 반드시 필요하
다."라는 주제에 찬성합니다.

　실제로 학생 대표가 학교생활에 많은 역할을
합니다. 많은 학생들이 함께 생활하다보니 학교
에는 여러 가지 문제나 불편한 점이 생길 수 있습
니다. 이러한 것에 대한 해결은 전교 학생회 회의
에서 이루어지는데 학급 임원은 여기에 참여해
우리 반 학생들의 의견을 전달하는 역할을 합니
다. 저희가 설문 조사를 한 결과에 따르면 우리
지역의 초등학교 가운데에서 95퍼센트가 넘는
학교가 학급 임원을 뽑고 있다고 합니다. 이렇게
많은 학교가 학급 임원을 뽑는다는 것은 실제로
학급 임원이 필요하기 때문이 아니겠습니까?

사회자: 네, 이어서 반대편이 주장을 펼치겠습니다.

반대편: 저희는 다음과 같은 까닭으로 "학급 임원은
반드시 필요하다."라는 주제에 반대합니다.

　첫째, 학급 임원을 뽑는 기준이 올바르다고 보
기 어렵습니다. 한 매체에서 설문 조사를 한 결과
에 따르면 70퍼센트 정도의 학생들이 "후보들의
능력보다 친분을 우선으로 투표한 적이 있다."라
고 응답했습니다. 이 조사는 정말 우리가 우리를
대표할 수 있는 사람을 학급 임원으로 뽑았는지
에 대한 의문을 가지게 합니다.

　둘째, 학생들 간 동등한 관계에 부정적인 영향
을 끼칩니다. 우리는 모두 평등한 관계여야 합니

다. 하지만 학급 행사를 하는 과정에서 학생들과
학급 임원 사이에 의견 차이가 생겨 친구들끼리
사이가 멀어지는 경우가 생깁니다.

3번, 4번

　안녕하세요? 1모둠 발표를 맡은 김대한입니다.
우리의 미래를 생각하면서 우리 모둠은 '미래에는
어떤 인재가 필요할까'라는 주제로 발표를 준비했
습니다. 자료를 보면서 발표를 들어 주십시오.

　미래에는 어떤 인재가 필요할까요? 대한상공회
의소에서 조사한 '100대 기업의 인재상 변화'에 따
르면 2008년에는 창의성이 1순위였는데 2013년에
는 도전 정신이, 2018년에는 소통과 협력이 1순위
입니다. 이처럼 시대에 따라 필요한 인재상은 달라
지고 있습니다.

　우리가 어른이 되는 미래에는 어떤 인재가 필요
할까요? 우리 모둠은 인공 지능, 사물 인터넷 같은
4차 산업 혁명으로 이전과는 다른 산업 형태가 나
타나면서 필요한 인재상도 달라질 것이라고 예상했
습니다. 미래에는 변화가 굉장히 빠른 속도로 일어
나기 때문에 미래의 인재에게 가장 중요한 것은 계
속 배우려는 의지라고 생각합니다.

1 　듣기·말하기 토론의 절차와 방법 알기
토론 절차 중 '주장 펼치기' 절차가 나타나 있습
니다. 토론자들은 근거를 들어 주장을 펼치고
근거와 관련해 구체적인 자료를 제시합니다.

2 　듣기·말하기 토론의 절차와 방법 알기
③은 반대편의 주장에 대한 근거로 알맞습니다.

3 　듣기·말하기 자료를 활용하여 발표하기
대한이네 모둠에서는 '미래에는 어떤 인재가 필
요할까'라는 주제로 발표를 준비했습니다.

4 　듣기·말하기 자료를 활용하여 발표하기
미래에는 변화가 굉장히 빠른 속도로 일어나기
때문에 미래의 인재에게 가장 중요한 것은 계속
배우려는 의지라고 하였습니다.

5 읽기 **지식이나 경험을 활용해 글 읽기**
석빙고가 얼음을 오랫동안 보관할 수 있게 만들어진 과학적인 원리가 아닌 것을 찾아야 합니다.

6 읽기 **지식이나 경험을 활용해 글 읽기**
내부의 더운 공기가 바깥으로 나가고 차가운 공기가 남아 있는 구조의 그림이어야 합니다.

7 문법 **문장 성분의 호응 관계 알기**
'여간'은 부정을 나타내는 서술어와 호응하므로 '여간'을 바꾸어 쓰거나 부정을 나타내는 서술어로 고쳐 써야 합니다. '그다지'는 부정을 나타내는 서술어와 호응하므로 알맞지 않습니다.

8 듣기・말하기 **매체 자료를 읽는 방법**
영상 매체 자료의 화면 구성을 잘 살피고 소리에 담긴 정보도 탐색하는 것이 좋습니다.

9 읽기 **낱말의 뜻을 짐작하며 읽기**
켈러 선생님이 자신의 수업을 만만하게 생각하지 말라는 의미로 한 말이므로, '만만하게'를 '쉽게', '대수롭지 않게'와 바꾸어 쓸 수 있습니다.

10 읽기 **글의 구조에 따라 요약하기**
주제에 대해 몇 가지 특징을 늘어놓는 글의 구조는 나열 구조로 정리할 수 있습니다.

11 쓰기 **체험한 일을 떠올리며 글 쓰기**
체험하게 된 까닭이나 체험 장소까지 가는 여정은 글의 처음 부분에, 체험 내용과 감상은 가운데 부분에, 체험을 마친 전체적인 감상은 끝 부분에 쓰는 것이 자연스럽습니다.

12 문법 **문장 성분의 호응 관계 알기**
서술어가 '갈 것이다'이므로 미래를 나타내는 시간을 나타내는 말이 들어가야 합니다.

13 문학 **비유하는 표현**
'이 세상 모든 것'을 '악기'에, '지붕'을 '큰북'에, '세숫대야 바닥'을 '작은북'에 비유하여 표현하였습니다.

14 문학 **비유하는 표현**
지붕과 큰북의 공통점은 소리가 크다는 것입니다.

15 쓰기 **논설문에 알맞은 표현**
논설문을 쓸 때에는 주관적인 표현이나 모호한 표현, 단정하는 표현을 쓰지 않는 것이 좋습니다.

16 읽기 **내용을 추론하기**
어른과 아이가 구분 없이 앉아 있는 것에서 아이가 볼 수 있는 경기임을 알 수 있습니다.

17 읽기 **내용을 추론하기**
궁궐에 사는 많은 사람이 각자 자신의 신분에 따라 사는 곳이 달랐다는 것에서 신분에 따른 차이가 명확했다는 것을 추론할 수 있습니다.

18 듣기・말하기 **자료를 활용하여 발표하기**
자료를 활용하여 발표할 때에는 꼭 필요한 내용만 정리하여 한 번에 적절한 양의 내용을 보여 주어야 합니다.

19 문법 **속담을 활용하여 말하기**
배를 모는 사람인 '사공'이 많으면 배가 원하는 곳으로 갈 수 없음을 빗대어 여러 사람이 자기의 주장만 내세우면 아무 일도 할 수 없다는 뜻을 표현한 속담입니다.

20 읽기 **인물이 추구하는 가치 파악하기**
이순신은 어떤 어려움도 극복할 수 있다고 생각하고 그러한 용기와 자신감을 추구합니다.

국어

1 ④	2 ②	3 ③, ④	4 단서
5 ④	6 ②	7 동영상	8 ③
9 ④	10 ③	11 삭제	12 ③
13 고마운	14 ③	15 ③	16 ②
17 미세 먼지	18 ③	19 ②	20 ①

듣기 내용　기초성취도 평가　국어 2회

1번, 2번

지윤: 명준아, 안녕?

명준: 지윤아, 안녕? 너를 찾고 있었는데 마침 잘됐다.

지윤: 나를 찾고 있었어? 왜?

명준: 너에게 할 말이 있어. 내 이야기 좀 들어 줄래? 어제 말이야…….

지윤: (말을 하는데 중간에 끊고) 나 지금 바쁜데, 내가 꼭 들어야 하니?

명준: (실망하는 목소리로) 뭐라고? 아직 내용을 듣지도 않았잖아.

지윤: 네 이야기보다는 내 일이 훨씬 중요해.

3번, 4번

『화성성역의궤』는 수원 화성에 성을 쌓는 과정을 기록한 책인 의궤야. 수원 화성은 일제 강점기를 거치면서 성곽 일대가 훼손되기 시작하고 6.25 전쟁 때 크게 파괴되었는데, 『화성성역의궤』를 보고 원래의 모습대로 다시 만들어졌단다. 덕분에 수원 화성이 1997년에 유네스코 세계 문화유산으로 등록될 수 있었어.

『화성성역의궤』는 정조 임금이 갑자기 세상을 떠나는 바람에 다음 임금인 순조 때 만들어졌는데, 건축과 관련된 의궤 가운데에서도 가장 내용이 많아. 수원 화성 공사와 관련된 공식 문서는 물론, 참여 인원, 사용된 물품, 설계 등의 기록이 그림과 함께 실려 있는 일종의 보고서인 셈이야. 내용이 아주 세세하고 치밀해서 공사에 참여한 기술자 1800여 명의 이름과 주소, 일한 날수와 받은 임금까지 적혀 있어. 공사에 사용된 모든 물건의 크기와 값은 또

얼마나 상세히 적었는지 입이 떡 벌어질 정도라니까. 당시에 이렇게 자세한 공사 보고서를 남긴 나라는 우리나라밖에 없다고 해.

수원 화성은 정조 임금의 원대한 꿈이 담긴 곳으로 볼거리가 많아. 건물 하나만 보는 것보다는 주변 경치를 함께 감상하는 것이 더 좋아. 정조 임금이 엄격하게 고른 좋은 자리에 지었으니까. 수원 화성은 규모가 커서 다 돌아보려면 꽤 시간이 걸려. 다리가 아프면 화성 열차를 타는 것도 좋겠지. 화성 열차는 수원 화성 구경을 하러 온 사람들을 위해 마련한 열차야.

더 둘러보고 싶은 친구가 있다면 근처에 있는 융건릉과 용주사에 가 볼 것을 추천할게. 융건릉은 사도 세자의 무덤인 융릉과 정조 임금의 무덤인 건릉을 합쳐서 부르는 이름이고, 용주사는 사도 세자의 명복을 빌려고 지은 절이야.

1 듣기·말하기 공감하며 듣는 태도 알기

이 대화에서 지윤이는 명준이가 하는 말을 귀 기울여 듣지 않았고, 명준이가 말하는 내용에 관심을 가지지도 않았습니다.

2 듣기·말하기 대화에서 인물의 기분 파악하기

자신의 말을 경청하지 않는 지윤이의 태도 때문에 명준이는 지윤이에게 무시당하는 것 같아 화가 났을 것입니다.

3 듣기·말하기 들려주는 내용 파악하기

수원 화성 근처에 있는 융건릉과 용주사도 함께 둘러보면 좋다고 하였습니다.

4 듣기·말하기 추론하는 방법 알기

드러나지 않은 내용을 추론할 때에는 자신의 경험을 떠올리거나 이야기에서 찾을 수 있는 단서 등을 확인할 수 있습니다. 단서란, 어떤 일이나 사건이 일어난 까닭을 풀 수 있는 실마리를 말합니다.

5 읽기 **낱말의 뜻 짐작하기**

마을 사람들이 줄을 만드는 일에만 매달릴 수 있을 정도로 시간이 많아야 하므로 '농사일이 한가한 때'라고 짐작할 수 있습니다.

6 읽기 **지식이나 경험을 떠올리며 글 읽기**

②는 줄다리기가 아닌 여럿이 뛰어넘는 줄넘기와 관련된 경험을 떠올린 것입니다.

7 듣기 · 말하기 **자료를 활용하여 발표하기**

불꽃 축제 모습을 생생하게 보여 줄 때에는 동영상을 활용하는 것이 알맞습니다.

8 문법 **문장 호응에 알맞게 고치기**

ⓒ은 '잡수시고' 또는 '드시고'로 고쳐 써야 합니다.

9 듣기 · 말하기 **여러 사람 앞에서 발표할 때 주의할 점 알기**

여자아이는 듣는 사람이 알아듣지 못하게 작게 말했습니다.

10 문학 **이야기를 읽고 인물이 추구하는 가치 파악하기**

버들이가 샘을 기와집 뒤란으로 옮겨 달라고 한 말과 행동으로 보아 버들이는 현실적인 이익을 추구한다는 것을 알 수 있습니다.

11 쓰기 **이야기의 구조를 생각하며 요약하는 방법 알기**

일어난 사건을 살펴보고 이야기 흐름에서 중요하지 않은 내용은 삭제하거나 간단히 씁니다.

12 문법 **우리말 바르게 사용하기**

① '그림이 정말 리얼하다.'는 '그림이 정말 생생하다.'로, ② '열공했더니 배가 고프다.'는 '열심히 공부했더니 배가 고프다.'로, ④ '노잼이었어.'는 '재미가 없었어.'로 바꾸어 써야 합니다.

13 읽기 **마음을 나누는 글에서 나누려는 마음 알기**

고마운 마음을 나타내는 표현을 통해 고마운 마음을 나누려고 쓴 것임을 알 수 있습니다.

14 읽기 **지시하는 내용 파악하기**

짜증 난다는 말이나 비속어, 욕설 따위를 들으면 기분이 나빠지고 화가 나서 다툼도 일어난다고 하였습니다.

15 읽기 **글의 내용 파악하기**

③은 부정하는 말을 들었을 때 생길 수 있는 일입니다.

16 읽기 **토론의 절차와 방법 알기**

반대편 토론자는 찬성편의 주장을 반박하고 찬성편의 주장이 타당하지 않다는 것을 밝히기 위해 질문을 했습니다.

17 읽기 **토의 주제 파악하기**

아이들은 날이 갈수록 심해지는 미세 먼지 문제에 대해 어떻게 대처해야 할지 토의하고 있습니다.

18 읽기 **토의에 참여하는 바른 태도 알기**

그림 **4**에서 여자아이는 토의에 적극적으로 참여하지 않고 문제를 해결하는 데 무관심한 태도를 보였습니다.

19 문학 **이야기에서 일어난 사건 파악하기**

외계인이 나타났다는 뉴스가 방송된 것이 아니라 동네 꼬마들이 눈에 혹이 난 할머니를 보고 "외계인이다! 도망가자."라고 말하며 놀린 것입니다.

20 쓰기 **이야기를 간추리는 방법 알기**

①은 이야기의 내용을 잘못 파악한 것에 해당합니다.

국어

학업성취도 평가 문항 분석표

문항 번호	정답	영역	평가 내용	배점
1	②	듣기·말하기	토론 주제 파악하기	4점
2	④	듣기·말하기	토론에서 상대편 반박하기	4점
3	①	듣기·말하기	중요한 내용 찾기	4점
4	③	듣기·말하기	필요한 내용을 메모하며 듣기	4점
5	감상	쓰기	체험한 일을 떠올리며 글 쓰기	5점
6	④	읽기	지식이나 경험을 활용하여 글 읽기	4점
7	③	듣기·말하기	공감하며 대화하는 방법	4점
8	⑤	문법	호응하는 서술어가 따로 있는 낱말	4점
9	②	쓰기	찾은 자료를 알기 쉽게 표현하기	4점
10	②	문법	호응하는 서술어가 따로 있는 낱말	4점
11	②	읽기	여러 가지 매체 자료의 특성	4점
12	⑤	쓰기	근거 자료의 타당성 판단하기	4점
13	설상가상	읽기	낱말의 뜻을 짐작하며 읽기	5점
14	②	읽기	글을 요약하는 방법	4점
15	⑤	문학	비유하는 표현 찾기	4점
16	③	문학	비유하는 표현 찾기	4점
17	배꼽	듣기·말하기	속담을 활용하여 말하기	5점
18	⑤	읽기	논설문의 특성을 생각하며 글 읽기	4점
19	②	읽기	논설문의 특성을 생각하며 글 읽기	4점
20	상황	읽기	인물이 추구하는 삶 파악하기	5점
21	①	읽기	내용을 추론하며 글 읽기	4점
22	쌓다	문법	낱말을 바르게 고쳐 쓰기	4점
23	③	문학	이야기 구조를 생각하며 요약하기	4점
24	③	읽기	인물이 추구하는 가치 파악하기	4점

듣기 내용 **학업성취도 평가** `국어 1회`

`1번, 2번`

사회자: 동물원은 살아 있는 동물들을 모아서 기르는 곳입니다. 자연 상태에서 쉽게 보기 힘든 다양한 동물을 가까이에서 볼 수 있어 동물의 생태와 습성, 자연환경의 소중함을 배울 수 있는 교육 장소입니다. 하지만 좁은 우리에 갇혀 살아가는 동물들은 스트레스를 많이 받습니다. '동물원은 필요한가'에 대해 어떻게 생각하나요?

찬성편 토론자: 저는 동물원이 있어야 한다고 생각합니다. 그 까닭은 첫째, 동물원은 우리에게 큰 즐거움을 줍니다. 3000년 전에 이미 동물원을 만들었을 만큼 사람은 동물을 좋아하고 가까이해 왔습니다. 동물원에서는 쉽게 만날 수 없는 동물을 가까이에서 볼 수 있는데, 열대 지역에 사는 사자나 극지방에 사는 북극곰도 쉽게 만날 수 있습니다. 서울 동물원에만 한 해 평균 350만 명이 방문한다고 합니다. 이렇게 많은 사람이 동물원을 좋아하고 동물원에서 즐거움을 느낍니다. 둘째, 동물원은 동물을 보호해 줍니다. 야생에서는 약한 동물이 더 강한 동물에게 공격당하거나 먹이가 없어 굶어 죽기도 합니다. 동물원은 자유를 제한하더라도 먹이와 안전을 보장하기 때문에 동물에게 훨씬 이롭습니다. 최근에는 친환경 동물원으로 탈바꿈하는 곳도 많습니다. 동물들이 지내는 환경을 개선하면 동물원은 사람에게도, 동물에게도 이로운 곳이 될 것입니다.

`3번, 4번`

우리 귀 건강에 가장 큰 걸림돌은 '이어폰'입니다. 사람들 대부분이 이어폰으로 음악을 들으면 집중을 잘하기 때문에 학습하는 데 큰 힘이 될 것이라고 생각합니다. 하지만 이는 사실과 다릅니다. 양쪽 귀 바로 위쪽 부위에는 언어 중추가 있는 뇌 측두엽이 존재하는데 측두엽과 가까운 귀에 이어폰을 꽂으면 언어 중추가 음악 소리에 자극을 받기 때문에 학습 내용이 기억에 잘 남지 않습니다. 왜냐하면 측두엽은 기억력과 청각을 담당하기 때문입니다. 다시 말해 노래를 들으며 공부를 하면 뇌는 이 두 가지를

한꺼번에 처리해야 하기 때문에 어려움을 겪습니다. 그래서 일반적으로 뇌 과학자들은 음악 듣기는 고난도 학습이나 업무를 하는 데 도움을 주지 않는다고 설명합니다.

귀를 건강하게 하려면 이어폰 같은 음향 기기를 하루 2시간 이내로 사용해야 하고, 사용할 때에는 소리 크기를 60퍼센트로 유지해야 합니다. 또 귀를 건조하게 유지하고 깨끗한 이어폰을 사용하는 방법도 좋습니다.

1 `듣기·말하기` **토론 주제 찾기**
사회자가 말한 주제가 무엇인지, 찬성편은 무엇에 대해 찬성하고 있는지 생각해 봅니다.

2 `듣기·말하기` **토론에서 상대편 반박하기**
상대편의 의견에 반박할 때에는 반대 의견과 그 의견을 뒷받침할 수 있는 내용을 말해야 합니다.

3 `듣기·말하기` **중요한 내용 찾기**
설명하는 내용에서 중요한 내용을 찾을 때에는 중요한 낱말을 중심으로 메모하여 듣는 것이 좋습니다.

4 `듣기·말하기` **필요한 내용을 메모하며 듣기**
③은 설명에 없는 내용이기도 하며, 귀 건강에 그다지 좋은 방법에도 해당하지 않습니다.

5 `쓰기` **체험한 일을 떠올리며 글 쓰기**
박물관을 관람한 체험에 대하여 생각이나 느낌, '감상'을 중심으로 쓴 글입니다.

6 `읽기` **지식이나 경험을 활용하여 글 읽기**
①, ②, ⑤는 글의 내용을 이해할 때 도움이 되는 지식이고, ③은 글의 내용과 비교해 볼 수 있는 지식입니다.

`국어`

7 듣기·말하기 공감하며 대화하는 방법

예서는 기준이의 기분을 배려하지 않고 말하여 기준이의 기분이 상하였습니다.

8 문법 호응하는 서술어가 따로 있는 낱말

'별로'는 '~지 않다', '~지 못하다' 등의 서술어와 호응하는 낱말입니다.

9 쓰기 찾은 자료를 알기 쉽게 표현하기

건강 달리기는 비만 문제에 도움이 되고, 집중력 향상이나 우울증, 불안감 감소에 도움됩니다.

10 문법 호응하는 서술어가 따로 있는 낱말

문장에서 '결코'를 삭제하거나 부정을 나타내는 서술어로 고쳐야 합니다.

11 읽기 여러 가지 매체 자료의 특성

㉠은 신문, ㉡은 책입니다. 이러한 인쇄 매체 자료는 글, 그림, 사진으로 구성되어 있습니다.

12 쓰기 근거 자료의 타당성 판단하기

조사 범위가 좁아서 그 결과가 초등학생 장래 희망 직업을 대표한다고 보기 어렵습니다.

13 읽기 낱말의 뜻을 짐작하며 읽기

'엎친 데 덮친 격'은 나쁜 일이 겹쳐 일어난다는 뜻의 속담입니다. '설상가상'과 뜻이 비슷합니다.

14 읽기 글을 요약하는 방법

㈏와 같이 요약하면 잎차례의 종류를 한눈에 알 수 있고, 그 대표적인 식물도 알 수 있습니다.

15 문학 비유하는 표현 찾기

봄비 내리는 소리가 교향악처럼 여러 가지 소리가 섞여 있기 때문에 '큰 은혜로 내리는 교향악'이라고 비유하였습니다.

16 문학 비유하는 표현 찾기

지붕은 '큰북'으로 비유하여 표현하였고, 세숫대야 바닥은 '작은북'에 비유하여 표현하였습니다.

17 듣기·말하기 속담을 활용하여 말하기

중심이 되는 것보다 부분적인 것이 더 크거나 많을 때 '배보다 배꼽이 더 크다'를 씁니다.

18 읽기 논설문의 특성을 생각하며 글 읽기

'우리 전통 음식보다 외국에서 유래한 음식을 더 좋아하는 어린이를 쉽게 볼 수 있다'라는 문제 상황이 드러나 있습니다.

19 읽기 논설문의 특성을 생각하며 글 읽기

전통 음식이 세계 곳곳에 소개되고 있다는 내용은 근거로 삼기에 적절하지 않습니다.

20 읽기 인물이 추구하는 삶 파악하기

인물이 처한 상황이 어떠한지, 그 상황에서 어떤 말과 행동을 하였는지 살펴보아야 합니다.

21 읽기 내용을 추론하며 글 읽기

수원 화성을 쌓을 때에 거중기가 사용되었다는 것은 추론한 사실이 아니라, 배경 지식입니다.

22 문법 낱말을 바르게 고쳐 쓰기

주어진 뜻을 나타내는 낱말을 기본형으로 쓰면 '쌓다'입니다.

23 문학 이야기 구조를 생각하며 요약하기

발단, 전개, 절정, 결말의 이야기 구조를 생각하며 사건의 원인과 결과를 따져 봅니다.

24 읽기 인물이 추구하는 가치 파악하기

「단심가」에는 변함없이 고려에 충성을 다하겠다는 정몽주의 생각이 잘 드러납니다.

학업성취도 평가 문항 분석표

문항 번호	정답	영역	평가 내용	배점
1	학급 임원	듣기·말하기	토론 주제 찾기	5점
2	②, ⑤	듣기·말하기	근거를 뒷받침하는 자료 찾기	4점
3	②	듣기·말하기	말하기 상황 알아보기	4점
4	①	듣기·말하기	설문 조사 결과 원그래프로 나타내기	4점
5	③	쓰기	고쳐 쓸 방법에 대한 의견 찾기	4점
6	②	문법	표현을 자연스럽게 고치기	4점
7	①	듣기·말하기	상황에 알맞은 속담 알기	4점
8	⑤	읽기	문제점 찾기	4점
9	잎차례	읽기	중심 낱말 찾기	5점
10	④	쓰기	요약하는 방법 알기	4점
11	서론	읽기	논설문의 짜임 알기	4점
12	①	읽기	글쓴이의 주장 찾기	4점
13	③	듣기·말하기	누리 소통망에서의 대화 예절 알기	4점
14	④	문법	문장의 호응 관계 알기	4점
15	⑤	읽기	매체 자료의 특징 알기	4점
16	⑤	문학	시의 내용 이해하기	4점
17	③	문학	비유하는 표현 방법 알기	4점
18	근정전	읽기	글의 내용 이해하기	5점
19	⑤	읽기	글을 읽고 추론하기	4점
20	③	읽기	낱말의 뜻 짐작하며 읽기	4점
21	다리	쓰기	이야기의 내용 요약하기	5점
22	⑤	읽기	표 내용 이해하기	4점
23	③	읽기	인물이 추구하는 가치 알기	4점
24	⑤	읽기	자신의 삶과 관련짓는 방법 알기	4점

국어

듣기 내용   학업성취도 평가   국어 2회

1번. 2번

사회자: 지금부터 "학급 임원은 반드시 필요하다."라는 주제로 토론을 시작하겠습니다. 저는 토론의 사회를 맡은 구민재입니다. 먼저 찬성편이 주장을 펼치겠습니다.

찬성편: 저희 찬성편은 두 가지 까닭에서 "학급 임원은 반드시 필요하다."라는 주제에 찬성합니다.

첫째, 실제로 학생 대표가 학교생활에 많은 역할을 합니다. 많은 학생들이 함께 생활하다 보니 학교에는 여러 가지 문제나 불편한 점이 생길 수 있습니다. 이러한 것에 대한 해결은 전교 학생회 회의에서 이루어지는데 학급 임원은 여기에 참여해 우리 반 학생들의 의견을 전달하는 역할을 합니다. 저희가 설문 조사를 한 결과에 따르면 우리 지역의 초등학교 가운데에서 95퍼센트가 넘는 학교가 학급 임원을 뽑고 있다고 합니다. 이렇게 많은 학교가 학급 임원을 뽑는다는 것은 실제로 학급 임원이 필요하기 때문이 아니겠습니까? 학급 임원이 없다면 누가 선생님을 돕고, 누가 전교 학생회 회의에 참여해 우리의 뜻을 전하겠습니까?

둘째, 학교 안에서 선거를 경험할 수 있습니다. 어린이 사회 교육 잡지에 실린 한 전문가의 면담에 따르면, "민주 시민 교육은 초등학교 때부터 이루어져야 한다. 사회를 미리 경험한다는 점에서 학급 임원 선거는 학생들에게 소중한 경험이 될 수 있다."라고 했습니다.

3번. 4번

나성실: 안녕하세요? 저는 전교 학생회 회장단 선거에 입후보한 나성실입니다. 저는 가고 싶은 학교, 즐거운 학교를 만들고 싶어서 이 자리에 섰습니다. 우리 학교에서는 지난해에 학생들이 학교에 바라는 점을 설문 조사 했습니다. 학생들이 학교에 바라는 점 가운데에서 가장 많이 나온 의견은 바로 "깨끗한 화장실을 만들어 주세요."라는 의견으로 47퍼센트가 나왔습니다.

학생들: 맞아요. 좋아요.

나성실: 저는 이러한 여러분의 의견을 교장 선생님

께 적극적으로 말씀드리고 전교 학생회에서도 의견을 모아 꼭 깨끗한 화장실을 만들겠습니다.

1   **듣기·말하기** 토론 주제 찾기
사회자는 "학급 임원은 반드시 필요하다."라는 주제로 토론을 시작하겠다고 말했습니다.

2   **듣기·말하기** 근거를 뒷받침하는 자료 찾기
찬성편은 같은 지역 초등학교를 대상으로 한 설문 조사 자료와 전문가의 면담 자료를 제시하였습니다.

3   **듣기·말하기** 말하기 상황 알아보기
학생들에게 선거 후보 연설을 하고 있으므로 공식적인 말하기 상황입니다.

4   **듣기·말하기** 설문 조사 결과 원그래프로 나타내기
설문 조사 결과에서 가장 많이 나온 의견은 "깨끗한 화장실을 만들어 주세요."로 47퍼센트가 나왔습니다.

5   **쓰기** 고쳐 쓸 방법에 대한 의견 찾기
동호는 단점과 함께 보충할 부분을 말하였습니다.

6   **문법** 표현을 자연스럽게 고치기
'처음 발끝이 닿은 장소'보다는 '처음 발길이 닿은 장소'가 더 자연스럽습니다.

7   **듣기·말하기** 상황에 알맞은 속담 알기
아무리 작은 것이라도 모이고 모이면 나중에 큰 덩어리가 된다는 뜻의 속담을 쓸 수 있습니다.

8   **읽기** 문제점 찾기
우리가 사용하는 반려동물 관련 용어가 대부분 외래어와 외국어라는 문제점이 나타나 있습니다.

9 읽기 중심 낱말 찾기

'잎차례'에 대해 설명하는 글이므로 중심 낱말은 '잎차례'입니다.

10 쓰기 요약하는 방법 알기

이 글은 ④와 같이 나열 구조의 틀에 요약하는 것이 알맞습니다.

11 읽기 논설문의 짜임 알기

글 ㈎는 문제 상황을 제시하고 그에 대한 주장을 간단히 나타낸 '서론' 부분입니다.

12 읽기 글쓴이의 주장 찾기

글쓴이는 글 ㈎에서 자연을 보호해야 한다고 주장하고 있습니다.

13 듣기·말하기 누리 소통망에서의 대화 예절 알기

대화 ①에서는 그림말을 너무 많이 사용하였고, 대화 ②에서는 대화방에 없는 친구를 험담하였고, 대화 ④에서는 친구가 싫어하는 말을 함부로 하였고, 대화 ⑤에서는 원하지 않는 친구를 마음대로 대화방에 초대하였습니다.

14 문법 문장의 호응 관계 알기

④의 '어제저녁'이라는 시간을 나타내는 말과 '밀려온다'라는 서술어의 호응 관계가 바르지 않기 때문에 '밀려온다'를 '밀려왔다'로 고쳐 씁니다.

15 읽기 매체 자료의 특징 알기

서영이가 글을 올린 인터넷 카페는 인터넷 매체 자료입니다.

16 문학 시의 내용 이해하기

바람하고 엉켰다가 풀 줄 아는 풀잎처럼 헤질 때 또 만나자고 손 흔드는 친구가 좋다고 하였습니다. '헤질'은 '헤어질'의 준말입니다.

17 문학 비유하는 표현 방법 알기

㉠과 같이 '~같이'를 써서 두 대상을 직접 견주어 표현하는 직유법을 사용한 문장은 ③입니다.

18 읽기 글의 내용 이해하기

경복궁에서 가장 웅장한 건물은 '부지런히 나라를 다스리라'는 뜻을 지닌 근정전이라고 했습니다.

19 읽기 글을 읽고 추론하기

근정전과 경회루의 뜻으로 보아 건물의 쓰임이나 의미에 어울리게 건물의 이름을 지었다고 추론할 수 있습니다.

20 읽기 낱말의 뜻 짐작하며 읽기

'뜬금없는'의 뒤에 나오는 내용인 '우리에게 재미와 웃음을 주지만'을 통해 낱말의 뜻을 짐작할 수 있습니다.

21 쓰기 이야기의 내용 요약하기

결말 부분에서 중요한 사건은 덕진이 쌀을 팔아서 강가에 다리를 놓은 일입니다.

22 읽기 표 내용 이해하기

설문지는 여러 사람을 한꺼번에 조사할 수 있는 조사 방법입니다.

23 읽기 인물이 추구하는 가치 알기

케냐의 미래를 위해 나무를 심자고 말하고 나무 심기 운동을 하는 것으로 보아 모두의 이익과 행복을 추구한다는 것을 알 수 있습니다.

24 읽기 자신의 삶과 관련짓는 방법 알기

현솔이는 자신이 처한 문제나 고민을 해결하는 데 도움을 준 왕가리 마타이의 말과 행동을 생각해 보았습니다.

국어

51쪽 — 개념 확인 — 영어 5-2

1-1 ①	1-2 ②
2-1 ①	2-2 ①
3-1 are	3-2 ②

1-1 A: 네가 가장 좋아하는 과목은 무엇이니?
　　B: 내가 가장 좋아하는 과목은 과학이야.

1-2 '그림 그리다'는 draw pictures입니다.

2-1 그녀는 짧은 곱슬머리야.

2-2 A: 그는 어떻게 생겼어?
　　B: 그는 키가 커. 그는 파란 눈을 가졌어.

다른 사람의 외모를 묻고 있으므로, 키와 눈 색깔을 묘사하는 ①이 알맞습니다.

3-1 이 부츠는 얼마예요?

3-2 A: 이 장갑은 얼마예요?
　　B: 5,000원이에요.

5,000원의 가격표가 붙은 장갑을 찾으면 됩니다.

4-2 나는 어제 공원에 갔다.

yesterday는 과거의 때를 나타내는 말이므로, go의 과거형 went를 써야 합니다.

5-1 A: 너는 이번 여름에 무엇을 할 거니?
　　B: 나는 자전거 여행을 할 거야.

5-2 A: 너는 이번 주 토요일에 무엇을 할 거니?
　　B: 나는 조부모님을 방문할 거야.

B는 이번 주 토요일에 조부모님을 방문할 것이라고 했으므로, ②가 알맞습니다.

6-1 A: 너는 무엇을 하고 싶니?
　　B: 나는 축구를 하고 싶어.

6-2 나는 TV를 보고 싶어.

TV를 보고 싶다고 했으므로 ①이 알맞습니다.

53쪽 — 개념 확인 — 영어 5-2

4-1 did	4-2 went
5-1 ①	5-2 ②
6-1 want	6-2 ①

4-1 A: 너는 지난 주에 무엇을 했니?
　　B: 나는 뮤지컬을 봤어.

54~55쪽 — 교과서 체크 — 영어 5-2

체크 1-1 ③	1-2 ④
체크 2-1 ③	2-2 ①
체크 3-1 ②	3-2 ③
체크 4-1 ②	4-2 ①
체크 5-1 ③	5-2 ②
체크 6-1 ①	6-2 ②

체크 1-1 듣기 내용

B: ① I go swimming every week.

나는 매주 수영하러 간다.

② I get up at 7 o'clock.

나는 7시에 일어난다.

③ I like to read books.

나는 책 읽는 것을 좋아한다.

④ I like to draw pictures.

나는 그림 그리는 것을 좋아한다.

그림의 남자아이는 책을 읽고 있으므로, ③이 알맞습니다.

1-2 듣기 내용

B: What's your favorite subject?

네가 가장 좋아하는 과목은 무엇이니?

G: My favorite subject is Korean.

내가 가장 좋아하는 과목은 국어야.

여자아이가 가장 좋아하는 과목은 '국어'입니다.

체크 2-1 듣기 내용

G: What does Tom look like?

톰은 어떻게 생겼니?

B: He has blue eyes. He has short curly hair.

그는 눈이 파란색이야. 그는 짧은 곱슬머리야.

톰의 키에 대한 언급은 없고 눈은 파란색이므로, ③이 알맞은 특징입니다.

2-2 듣기 내용

B: What is she wearing?

그녀는 무엇을 입고 있니?

G: She is wearing a red shirt and blue pants.

그녀는 빨간색 셔츠와 파란색 바지를 입고 있어.

빨간색 셔츠와 파란색 바지를 입고 있는 여자아이는 ①입니다.

체크 3-1 듣기 내용

G: What do want to do?

너는 무엇을 하고 싶니?

B: I want to play soccer.

나는 축구를 하고 싶어.

축구를 하고 싶다고 대답했으므로 ②가 알맞습니다.

3-2 듣기 내용

B: What do you want to do?

너는 무엇을 하고 싶니?

G: I want to ride a bike. How about you?

나는 자전거를 타고 싶어. 너는 어때?

B: I want to play baseball.

나는 야구를 하고 싶어.

여자아이는 자전거를 타고 싶어 하고, 남자아이는 야구를 하고 싶어 합니다.

체크 4-1 How much are these socks?는 양말의 가격을 묻는 말입니다.

4-2 리사: 이 바지는 얼마예요?

점원: 9,000원입니다.

바지의 가격을 묻자 9,000원이라고 대답했으므로, ①이 알맞습니다. 9,000원은 nine thousand won이라고 읽습니다.

체크 5-1 제이크: 이번 여름에 무엇을 할 거니?

케이트: 나는 음악 캠프에 참가할 거야.

케이트는 이번 여름에 음악 캠프에 참가할 것이라고 대답했으므로, ③이 알맞습니다.

5-2 너는 내일 무엇을 할 거니?

내일 무엇을 할 것인지 물었으므로, will을 사용한 표현이 알맞습니다. I'll은 I will의 줄임말이므로 ②가 정답입니다.

체크 6-1 미나: 너의 주말은 어땠니, 수호야?
수호: 좋았어. 나는 해변에서 수영을 했어.

수호는 지난 주말에 해변에서 수영을 했다고 대답했으므로, ①이 알맞습니다.

6-2 앤: 방학 동안에 무엇을 했니?
샘: 나는 친구들과 캠핑을 갔어.

동사의 과거형 went로 답했으므로, did를 사용해 과거에 한 일을 묻는 표현이 알맞습니다.

2-2 A: 네 이름의 철자는 어떻게 되니?
B: P-A-U-L M-A-R-T-I-N이야.

이름의 철자를 말할 때는 알파벳을 한 글자씩 순서대로 말합니다.

3-1 A: 네 생일이 언제니?
B: 4월 2일이야.

3-2 A: 장기 자랑이 언제야?
B: 3월 9일이야.

3월 9일은 March 9th이고, 날짜를 말할 때 '일'에 해당하는 숫자는 서수를 씁니다.

59쪽	개념 확인	영어 6-1 ①
4-1 ①		4-2 too bad
5-1 and		5-2 ①
6-1 Why		6-2 ②

4-1 '나는 이가 아파.'는 I have a toothache.로 표현합니다.

4-2 A: 무슨 일이니?
B: 나는 두통이 있어.
A: 그것 참 안됐구나.

B가 두통(headache)이 있다고 했으므로, 이에 적절한 응답은 위로를 표현하는 That's too bad.입니다.

5-1 A: 나는 열이 나.
B: 이 약을 먹고 좀 쉬어.

57쪽	개념 확인	영어 6-1 ①
1-1 grade		1-2 ①
2-1 How		2-2 ②
3-1 When		3-2 ②

1-1 A: 너는 몇 학년이니?
B: 나는 1학년이야.

1-2 나는 5학년이야.

자신의 학년을 말할 때는 서수를 사용하므로, fifth가 정답입니다.

2-1 A: 네 이름의 철자가 어떻게 되니?
B: K-A-T-E S-M-I-T-H야.

5-2 이 약을 먹고 따뜻한 물을 마시렴.

남자아이가 물잔을 들고 약을 먹고 있는 그림인 ①이 정답입니다.

6-1 A: 너는 왜 속상해하니?
B: 왜냐하면 내 시계를 잃어버렸기 때문이야.

6-2 A: 너는 왜 신이 났어?
B: 왜냐하면 나는 야구 시합에서 이겼기 때문이야.

감정이나 상태에 대한 이유를 말할 때는 Because ~.를 사용합니다.

60~61쪽	교과서 체크	영어 6-1 ❶
체크 1-1 ③		1-2 ④
체크 2-1 ③		2-2 ①
체크 3-1 ④		3-2 ②
체크 4-1 ②		4-2 ③
체크 5-1 ②		5-2 ③
체크 6-1 ①		6-2 ②

체크 1-1 듣기 내용

B: Amy, what grade are you in?
에이미, 너는 몇 학년이니?

G: I'm in the first grade. How about you, Paul?
나는 1학년이야. 너는, 폴?

B: I'm in the third grade.
나는 3학년이야.

폴이 3학년이라고 대답했기 때문에 정답은 ③입니다.

1-2 듣기 내용

B: What grade are you in? 너는 몇 학년이야?

G: ① Sorry, I can't. 미안하지만 안 돼.
② I have a cold. 나는 감기에 걸렸어.
③ I can't wait. 나는 몹시 기다려져.
④ I'm in the fifth grade. 나는 5학년이야.

자신의 학년을 말할 때는 「I'm in the＋서수＋grade.」로 표현합니다.

체크 2-1 듣기 내용

B: ① What's the matter?
어디가 아프니?
② Why are you so tired?
너는 왜 그렇게 피곤해하니?
③ How do you spell your name?
네 이름의 철자가 어떻게 되니?

이름의 철자를 물어보는 질문은 How do you spell your name?이므로, ③이 정답입니다.

2-2 듣기 내용

B: How do you spell your name?
네 이름의 철자는 어떻게 되니?

G: K-A-T-E G-R-E-E-N.
K-A-T-E G-R-E-E-N이야.

체크 3-1 듣기 내용

B: When is the food festival?
음식 축제가 언제야?

G: ① That's too bad. 그것 참 안됐구나.
② I have a fever. 나는 열이 나.
③ Go to bed early. 일찍 잠자리에 들어.
④ It is on May 14th. 5월 14일이야.

음식 축제의 날짜를 물어보고 있으므로, 정답은 ④입니다.

3-2 듣기 내용

> G: **When is your birthday?** 네 생일이 언제니?
> B: **It is on July 24th.** 7월 24일이야.

7월 24일은 July 24th이고, 날짜를 읽을 때는 July twenty-fourth로 읽습니다.

체크 4-1 테드: 리아야, 어디가 아프니?
리아: 나는 감기에 걸렸어.
테드: 그것 참 안됐구나.

리아는 감기에 걸렸고, 테드는 아픈 리아를 위로해 주고 있습니다.

4-2 (C) 무슨 일이니?
(B) 나는 콧물이 나.
(A) 오, 그것 참 안됐구나.

(C)에서 무슨 일인지 묻고, (B)에서 증상을 말하는 순서가 자연스럽습니다. 위로해 주는 내용인 (A)는 흐름상 마지막에 와야 합니다.

체크 5-1 주디: 나는 배가 아파.
벤: 이 약을 먹고 좀 쉬어.

조언하는 상황이므로 동사원형 Take가 적절하고, and로 두 문장을 이어줍니다.

5-2 남자아이가 치통을 앓고 있는 상황이므로, ③이 정답입니다.

체크 6-1 잭: 너는 왜 그렇게 슬퍼하니?
미아: 왜냐하면 나는 나의 개를 잃어버렸기 때문이야.

미아는 강아지를 잃어버렸기 때문에 슬퍼하는 것이 자연스럽습니다.

6-2 앤: 너는 왜 그렇게 걱정하니?
로이: 왜냐하면 나는 내일 수학 시험이 있기 때문이야.

로이는 내일 수학 시험이 있어서 걱정하고 있기 때문에, ②는 대화의 내용과 일치하지 않습니다.

63쪽	개념 확인	영어 6-1 ❷
7-1 ②		7-2 ①
8-1 Where		8-2 left
9-1 ②		9-2 ①

7-1 ② 내 생일 파티에 올 수 있니?

7-2 A: 학교 알뜰 시장에 올 수 있니?
B: 물론이지.

초대를 수락하는 표현은 Of course.입니다.

8-1 A: 슈퍼마켓이 어디에 있나요?
B: 그것은 우체국 옆에 있어요.

8-2 곧장 두 구역을 가서 왼쪽으로 도세요. 그것은 당신의 왼쪽에 있어요.

그림에서 표시된 화살표가 두 구역을 지나 왼쪽으로 돌았으므로, 정답은 left입니다.

9-1 ② 다시 한번 말씀해 주시겠어요?

9-2 A: 학교는 서점 옆에 있어요.

　　B: <u>뭐라고요?</u>

　　A: 학교는 서점 옆에 있어요.

A가 같은 말을 반복하고 있으므로, B에는 상대방에게 반복을 요청하는 말이 들어가야 합니다.

65쪽	개념 확인	영어 6-1 ❷
10-1 ②	10-2 ②	
11-1 ①	11-2 by bicycle	
12-1 Why	12-2 ①	

10-1 ② 너는 무엇을 할 거니?

10-2 A: 너는 내일 무엇을 할 거니?

　　B: 나는 동물원에 갈 거야.

B가 동물원에 갈 거라고 대답했기 때문에 정답은 ②입니다.

11-1 A: 너는 그곳에 기차를 타고 갈 거니?

　　B: 아니, 비행기를 타고 갈 거야.

11-2 나는 그곳에 자전거를 타고 갈 거야.

on foot은 '걸어서'라는 뜻입니다.

12-1 A: 너는 왜 봄을 좋아하니?

　　B: 왜냐하면 나는 꽃을 좋아하기 때문이야.

12-2 A: 너는 왜 여름을 좋아하니?

　　B: <u>왜냐하면 나는 바다에서 수영할 수 있기 때문이야.</u>

상대방에게 왜 여름을 좋아하는지 묻고 있기 때문에, 이유를 답하는 ①이 정답입니다.

66~67쪽	교과서 체크	영어 6-1 ❷
체크 1-1 ①	1-2 ③	
체크 2-1 ③	2-2 ②	
체크 3-1 ②	3-2 ④	
체크 4-1 ①	4-2 ②	
체크 5-1 ①	5-2 ③	
체크 6-1 ④	6-2 ④	

체크 1-1 듣기 내용

B: **Can you come to the Christmas party?**

크리스마스 파티에 올 수 있니?

G: ① **Of course.** 물론이지.

　 ② **See you later.** 나중에 보자.

　 ③ **Yes, I am.** 응, 맞아.

초대에 대한 수락의 응답으로 Of course.라고 대답하는 것이 적절합니다.

1-2 듣기 내용

G: **Can you come to the food festival this Sunday?**

이번 주 일요일에 음식 축제에 올 수 있니?

B: **Sorry, I can't. I have a basketball game.**

미안하지만 안 돼. 농구 시합이 있어.

남자아이는 일요일에 basketball game(농구 시합)이 있다고 했습니다.

체크 2-1 듣기 내용

G: **What are you going to do tomorrow?**

너는 내일 무엇을 할 거니?

B: ① **I'm good.** 나는 좋아.

　 ② **I'm in the music club.** 나는 음악 동아리야.

　 ③ **I'm going to play soccer.**

　　 나는 축구를 할 거야.

내일 계획에 대한 질문의 응답으로 I'm going to play soccer.라고 대답하는 것이 적절합니다.

2-2 듣기 내용

> B: **What are you going to do after school?**
> 너는 방과 후에 무엇을 할 거니?
>
> G: **I'm going to go shopping.**
> 나는 쇼핑하러 갈 거야.
>
> B: **Sounds fun.** 재미있겠다.

여자아이가 I'm going to go shopping.이라고 했으므로, 쇼핑을 하고 있는 ②가 정답입니다.

체크 3-1 듣기 내용

> G: **Do you like summer?** 너는 여름을 좋아하니?
>
> B: **No, I like winter.** 아니, 나는 겨울을 좋아해.
>
> G: **Why do you like winter?**
> 너는 겨울을 왜 좋아하니?
>
> B: **Because I like snow.**
> 왜냐하면 나는 눈을 좋아하기 때문이야.

남자아이는 I like winter.라고 했고, Because I like snow.라고 했으므로, ②가 정답입니다.

3-2 듣기 내용

> G: **Why do you like cartoons?**
> 너는 만화 영화를 왜 좋아하니?
>
> B: ① **I like cartoons.** 나는 만화 영화를 좋아해.
>
> ② **No problem.** 문제없어.
>
> ③ **Good idea.** 좋은 생각이야.
>
> ④ **Because it's fun.**
> 왜냐하면 그것은 재미있기 때문이야.

이유를 묻고 있으므로, Because로 시작하는 ④가 정답입니다.

체크 4-1 수: 너는 그곳에 버스를 타고 갈 거니?
톰: 아니, 기차를 타고 갈 거야.

버스가 아닌 기차를 타고 갈 거라는 의미로 No, by train.이라고 대답하는 것이 적절합니다.

4-2 폴: 나는 조부모님을 방문할 거야.
제인: 너는 그곳에 배를 타고 갈 거니?
폴: 아니, 비행기를 타고 갈 거야.

폴이 No, by plane.이라고 대답했으므로, 비행기 그림이 있는 ②가 정답입니다.

체크 5-1 Why are you sad?는 "너는 왜 슬퍼하니?"라는 뜻입니다.

5-2 잭: 버스 정류장은 은행 옆에 있어요.
루시: 뭐라고 하셨어요?
잭: 버스 정류장은 은행 옆에 있어요.

잭이 같은 말을 반복하고 있으므로, 루시는 반복을 요청하는 말을 해야 합니다.

체크 6-1 A: 슈퍼마켓이 어디에 있나요?
B: 그것은 우체국 앞에 있어요.

슈퍼마켓은 우체국 앞에 있으므로, ④가 정답입니다.

6-2 A: 실례합니다. 빵집이 어디에 있나요?
B: 곧장 한 구역을 가서 오른쪽으로 도세요. 그것은 당신의 오른쪽에 있어요.

화살표를 기준으로 곧장 한 구역 가서 오른쪽으로 돌면, 오른쪽에 빵집이 있습니다.

68~71쪽　기초성취도 평가　영어 1회

1 ④	2 ①	3 ②	4 ③
5 ①	6 ③	7 ③	8 ③
9 ①	10 배	11 ①, 과학	12 going
13 ①	14 ②	15 ①	16 ③
17 ④	18 ①	19 (s)leep	
20 June 10th			

1 │ 듣기 내용

W: **He is listening to music.**
　그는 음악을 듣고 있어.

「be동사+동작을 나타내는 말ing」는 현재 하고 있는 일을 말할 때 쓰는 표현입니다.

2 │ 듣기 내용

B: **I'm very happy.** 나는 아주 행복해.
G: **Why are you so happy?**
　왜 그렇게 행복하니?
B: **Because I won the tennis game.**
　왜냐하면 내가 테니스 경기를 이겼기 때문이야.

행복한 이유를 묻는 말에 남자아이는 테니스 경기를 이겼기 때문이라고 대답했습니다.

3 │ 듣기 내용

W: **Can I sit here?** 여기에 앉아도 될까요?
M: ① **I can do that.** 나는 그것을 할 수 있어요.
　② **Yes, you can.** 네, 됩니다.
　③ **It's mine.** 그것은 내 것이에요.
　④ **It was great.** 좋았어요.

허락을 요청할 때는 Can I ~?를 사용합니다. 허락할 때는 Yes, you can., 거절할 때는 Sorry, you can't.로 답합니다.

4 │ 듣기 내용

G: **When is your birthday?** 네 생일이 언제니?
B: ① **It's April 1st.** 4월 1일이야.
　② **It's April 3rd.** 4월 3일이야.
　③ **It's April 8th.** 4월 8일이야.
　④ **It's April 18th.** 4월 18일이야.

4월 8일은 April 8th이고, 날짜를 말할 때 '일'은 서수로 쓰는 것에 유의해야 합니다.

5 │ 듣기 내용

G: **I went to Jeju-do last weekend.**
　나는 지난 주말에 제주도에 갔어.
B: **What did you do there?** 거기에서 무엇을 했어?
G: **I took many pictures.** 나는 사진을 많이 찍었어.

여자아이는 지난 주말에 제주도에 가서 사진을 많이 찍었다고 했습니다.

6 │ 듣기 내용

B: **Can you come to my birthday party this Sunday?**
　이번 주 일요일에 내 생일 파티에 올 수 있어?
G: **Sorry, I can't. I have to study for the test.**
　미안하지만, 안 돼. 나는 시험공부를 해야 해.

여자아이는 시험공부를 해야 해서 생일 파티에 올 수 없다고 했습니다.

7 │ 듣기 내용

M: **Do you want some more?** 좀 더 먹을래?
G: ① **Yes, I am.** 네, 맞아요.
　② **No, thanks.** 아니요, 괜찮아요.
　③ **Yes, please.** 네, 주세요.
　④ **No, you can't.** 아니요, 안 돼요.

상대방이 음식을 권할 때, 원하면 Yes, please., 그렇지 않으면 No, thanks.로 답할 수 있습니다.

8 | 듣기 내용

G: What does your brother look like?
네 남동생은 어떻게 생겼어?

B: He's not tall and he has short hair.
그 애는 키가 크지 않고 머리가 짧아.

G: What is he wearing? 무엇을 입고 있어?

B: He's wearing a green T-shirt.
그 애는 초록색 티셔츠를 입고 있어.

남동생은 키가 크지 않고 머리가 짧으며, 초록색 티셔츠를 입고 있다고 했습니다.

9 | 듣기 내용

G: What do you want to be?
너는 무엇이 되고 싶니?

B: I want to be a singer. I like to sing.
나는 가수가 되고 싶어. 나는 노래하는 것을 좋아해.

singer는 '가수'를 의미합니다.

10 | 듣기 내용

B: What's the matter? 어디가 아프니?

G: I have a stomachache. 나는 배가 아파.

B: That's too bad. 그것 참 안됐구나.

stomachache는 '복통'이므로, 여자아이는 배가 아픈 상태입니다.

11 | 듣기 내용

G: We have music class today. Do you like music?
우리는 오늘 음악 수업이 있어. 너는 음악을 좋아하니?

B: No, I don't. My favorite subject is science.
아니, 그렇지 않아. 내가 가장 좋아하는 과목은 과학이야.

남자아이는 음악을 좋아하지 않고 과학을 좋아한다고 했으므로, 그림 ①이 알맞습니다.

12 | 듣기 내용

G: What are you going to do this Saturday?
너는 이번 토요일에 무엇을 할 거니?

B: I'm going to go camping.
나는 캠핑 갈 거야.

「be going to+행동을 나타내는 말」은 '~할 것이다'라는 뜻으로, 미래의 일을 말할 때 씁니다.

13 A: 은행은 병원 옆에 있어요.
B: ① 다시 한번 말씀해 주시겠어요?
A: 은행은 병원 옆에 있어요.

상대방에게 다시 말해 달라고 할 때는 Could you say that again, please?라고 합니다.

14 안녕, 만나서 반가워. 내 이름은 Ann이야. 나는 한국 중학교에 다녀. 나는 1학년이야.

Ann은 2학년이 아니라 1학년입니다.

15 줄리아: 어디가 아프니?
폴: 나는 감기에 걸렸어.
줄리아: 따뜻한 물을 좀 마시고 쉬어.
폴: 알겠어.

감기에 걸린 폴에게 줄리아가 물을 좀 마시고 쉬라고 했으므로, 폴이 할 일이 아닌 것은 ①입니다.

16 벨라는 어제 그녀의 여동생과 쇼핑을 갔다. 그녀는 바지와 양말을 샀다.

과거(어제)에 일어난 일을 말하고 있으므로, 빈칸에는 buy의 과거형인 bought가 알맞습니다.

17 내가 제일 좋아하는 과목은 수학이다.

favorite은 '가장 좋아하는'의 뜻을 가진 형용사입니다.

18 소민: 서점이 어디에 있나요?

남자: 곧장 한 구역 가서 왼쪽으로 돌아. 그건 네 오른쪽에 있단다.

곧장 한 구역 가서 왼쪽으로 돌면 보이는 건물 ①과 ③ 중에서 오른쪽에 있는 건물은 ①입니다.

19 미아: 너 지금 무엇을 하고 싶어?

샘: 난 자고 싶어.

「want to+행동을 나타내는 말」은 하고 싶은 것을 말할 때 사용합니다. 자고 있는 그림이므로, 빈칸에는 '자다'의 의미를 지닌 (s)leep이 알맞습니다.

20 여자아이: 마술 쇼가 언제지?

남자아이: 6월 10일이야.

여자아이: 나는 몹시 기다려져!

6월 달력의 10일에 동그라미가 표시되어 있으므로, 빈칸에 들어갈 알맞은 말은 June 10th입니다. 날짜의 '일'은 서수로 쓰는 것에 유의해야 합니다.

72~75쪽	기초성취도 평가		영어 2회
1 ②	2 ④	3 ②	4 ①
5 ③	6 ③	7 ④	8 ②
9 ②	10 Amelia	11 ②, 50	12 (s)econd
13 ③	14 ②	15 ②	16 ③
17 ②	18 ④	19 by bike (bicycle)	
20 bakery			

---

1 듣기 내용

G: **What will you do this winter?**
너는 이번 겨울에 무엇을 할 거니?

B: **I will join a book club. I want to read many books.**
나는 독서 동아리에 가입할 거야. 나는 많은 책을 읽고 싶어.

will은 미래의 일을 나타낼 때 쓰는 조동사입니다. join은 '가입하다', club은 '동아리'라는 뜻이므로, 남자아이가 이번 겨울에 할 일은 ②가 알맞습니다.

2 듣기 내용

B: ① **Can you swim?** 너는 수영을 할 수 있니?
② **Can you skate?** 너는 스케이트를 탈 수 있니?
③ **Can I close the window?**
내가 창문을 닫아도 될까?
④ **Can I use your glue stick?**
내가 너의 풀을 써도 될까?

남자아이가 풀을 가리키며 묻고 있으므로, 상대방에게 허락을 구하는 표현인 Can I ~?를 사용하는 것이 알맞습니다.

3 듣기 내용

G: **I like summer.** 나는 여름을 좋아해.

B: **Why do you like summer?**
너는 왜 여름을 좋아해?

G: **Because I like to swim.**
왜냐하면 나는 수영하는 것을 좋아하기 때문이야.

이유를 묻고 답하는 표현은 Why와 Because를 사용합니다. like to swim이라고 했으므로, 여자아이가 여름을 좋아하는 이유는 ②가 알맞습니다.

4 | 듣기 내용

B: **What does your dog look like?**
너의 개는 어떻게 생겼니?

G: **He has short white hair and a long tail.**
흰색의 짧은 털과 긴 꼬리를 가지고 있어.

여자아이의 개는 흰색에 털이 짧고 꼬리가 길다고 했습니다.

5 | 듣기 내용

B: **I'm going to go to the park this afternoon. Will you join me?**
나는 오늘 오후에 공원에 갈 예정이야. 나와 함께 갈래?

G: **Sure. I'd love to. Let's ride a bike there.**
물론이지. 가고 싶어. 거기서 자전거 타자.

B: **Sounds good!** 좋아!

남자아이가 공원에 가자고 했고, 여자아이가 거기서 자전거를 타자고 했습니다.

6 | 듣기 내용

B: **What's the matter?** 무슨 일이니?
G: **I have a toothache.** 나는 이가 아파.
B: **Oh, that's too bad.** 오, 그것 참 안됐구나.

toothache은 '치통'을 의미하므로, 여자아이는 이가 아픈 상태입니다.

7 | 듣기 내용

B: **What do you want to be?**
너는 무엇이 되고 싶어?

G: ① **I want some milk.** 나는 우유 좀 마시고 싶어.
② **I don't want it.** 나는 그것을 원하지 않아.
③ **I have to go home.** 나는 집에 가야 해.
④ **I want to be a teacher.**
나는 선생님이 되고 싶어.

장래 희망을 말할 때 「I want to be a(n)＋직업 이름.」을 사용합니다.

8 | 듣기 내용

W: ① **She is tall.** 그녀는 키가 크다.
② **She is wearing a cap.**
그녀는 모자를 쓰고 있다.
③ **She is wearing glasses.**
그녀는 안경을 쓰고 있다.
④ **She has long curly hair.**
그녀는 긴 곱슬머리이다.

여자는 모자를 쓰고 있지 않으므로, ②는 그림과 일치하지 않습니다.

9 | 듣기 내용

G: **What is your dad doing?**
너희 아빠는 뭘 하고 계셔?

B: **He's reading a book.** 그는 책을 읽고 계셔.

책을 읽고 있다고 했으므로, ②가 알맞습니다.

10 | 듣기 내용

M: **What's your name?** 이름이 무엇인가요?
G: **My name is Amelia.** 제 이름은 아멜리아예요.
M: **How do you spell your name?**
이름의 철자가 어떻게 되나요?
G: **A-M-E-L-I-A.** A-M-E-L-I-A예요.

이름의 철자를 묻는 표현은 How do you spell your name?입니다.

11 | 듣기 내용

G: **How much are these pants?**
이 바지는 얼마인가요?

M: **They are fifty dollars.** 50달러입니다.

여자아이가 말한 pants는 '바지'를 의미하므로, 그림 ②가 알맞습니다. fifty dollars는 '50달러'인데, 숫자가 복수이면 dollar에 -s를 붙여 dollars로 씁니다.

12 | 듣기 내용

> **G: What grade are you in?** 너는 몇 학년이니?
>
> **B: I'm in the second grade.** 나는 2학년이야.

'2학년'은 two의 서수형인 second를 사용하여 표현합니다. 학년을 말할 때는 서수를 사용하는 것에 유의해야 합니다.

13 남자아이: 수영하러 가자.

상대방의 제안을 수락할 때는 Okay., Sure., Sounds good. 등으로 답할 수 있고, 제안을 거절할 때는 Sorry, I can't.로 답할 수 있습니다.

14 나는 어제 조부모님을 방문했다.

과거를 나타내는 yesterday(어제)가 있으므로, 과거형인 visited가 알맞습니다.

15 여자아이: 오늘 밤 내 파티에 올 수 있어?

남자아이: 미안하지만 안 돼. 나는 숙제를 해야 해.

남자아이는 숙제를 해야 해서 파티에 갈 수 없다고 거절하고 있습니다.

16 나는 가장 좋아하는 장난감을 잃어버려서 슬프다. 나는 내 생일에 할머니로부터 그것을 받았다.

좋아하는 장난감을 잃어버려서 슬프다고 했으므로, 슬픈 표정의 그림이 적절합니다.

17 A: 그녀는 어떻게 생겼어?

B: 그녀는 눈이 갈색이고, 짧은 곱슬머리야.

생김새를 물어봐야 하므로, What does she look like?로 써야 합니다.

18 내 주말은 굉장했어!

나는 바닷가에 갔어.

나는 바다에서 수영을 했어.

나는 공을 갖고 놀았어.

나는 모래성을 만들었어.

낚시를 했다는 내용은 없으므로, 수빈이가 하지 않은 것은 ④입니다.

19 여자아이: 너 도서관에 버스 타고 갈 거야?

남자아이: 아니, 자전거로.

교통수단을 말할 때는 「by+교통수단」으로 쓰는데, 교통수단 앞에 관사(a/an)를 쓰지 않는 것에 유의해야 합니다.

20 제임스: 실례합니다. 빵집은 어디에 있나요?

앨리스: 곧장 한 구역 가서 오른쪽으로 도세요. 그것은 당신의 왼쪽에 있습니다.

출발 지점에서 곧장 한 구역 가서 오른쪽으로 돌면, 왼쪽에 빵집이 있습니다.

학업성취도 평가 문항 분석표

문항 번호	정답	영역	평가 내용	배점
1	③	말하기	이름에 관한 말을 듣고 의미 이해하기	4점
2	②	듣기	과거의 경험에 관한 말을 듣고 의미 이해하기	4점
3	②	말하기	하고 싶은 일을 묻는 질문을 듣고 알맞게 응답하기	4점
4	①	듣기	미래 계획에 관한 대화를 듣고 중심 내용 이해하기	4점
5	④	듣기	가격을 묻고 답하는 대화를 듣고 세부사항 이해하기	4점
6	③	듣기	길을 찾는 대화를 듣고 세부사항 이해하기	4점
7	⑤	듣기	날짜를 묻고 답하는 대화를 듣고 중심 내용 이해하기	4점
8	⑤	말하기	허락을 요청하고 답하는 대화를 듣고 알맞게 응답하기	4점
9	⑤	듣기	활동을 제안하는 대화를 듣고 세부사항 이해하기	4점
10	②	듣기	과거의 경험에 관한 대화를 듣고 중심 내용 이해하기	4점
11	④	듣기	앞으로 하려는 일에 관한 대화를 듣고 중심 내용 이해하기	4점
12	spell	서답형 듣기	간단한 대화를 듣고 문장에 포함된 낱말 정확히 받아쓰기	4점
13	(1) ③ (2) 농구	서답형 듣기	좋아하는 것에 관한 대화를 듣고 세부사항 이해하기	5점
14	9(월) 14(일)	서답형 듣기	날짜를 묻고 답하는 대화를 듣고 세부사항 이해하기	5점
15	①	읽기	장래 희망에 관한 문장을 읽고 의미 이해하기	4점
16	③	읽기	초대하는 내용의 짧은 글을 읽고 목적 이해하기	4점
17	②	읽기	활동을 제안하는 대화를 읽고 중심 내용 이해하기	4점
18	②	말하기	아픈 증상에 관한 대화를 읽고 증상 말하기	4점
19	⑤	말하기	허락을 요청하는 문장을 읽고 알맞게 응답하기	4점
20	③	읽기	길을 안내하는 문장을 읽고 의미 이해하기	4점
21	④	말하기	반복을 요청하는 상황에 알맞게 대화하기	4점
22	④	읽기	미래 계획과 교통수단에 관한 대화의 흐름 이해하기	4점
23	Why are you tired?	쓰기	쉽고 간단한 낱말을 우리말 뜻에 맞게 배열하여 쓰기	5점
24	(B), (C), (A)	쓰기	과거에 한 일에 관한 짧은 글을 읽고 중심 내용 이해하기	5점

1 (말하기) 이름의 철자 묻기

B: ① **How are you?** 어떻게 지내니?

② **How old are you?** 너는 몇 살이니?

③ **How do you spell your name?**

네 이름의 철자는 어떻게 되니?

④ **What's your name?** 네 이름은 무엇이니?

⑤ **What grade are you in?** 너는 몇 학년이니?

이름의 철자를 물을 때는 ③ How do you spell your name?으로 말합니다.

2 (듣기) 과거에 한 일 말하기

G: ① **I watched a movie yesterday.**

나는 어제 영화를 봤어.

② **I visited the museum yesterday.**

나는 어제 박물관을 방문했어.

③ **I read many books yesterday.**

나는 어제 많은 책들을 읽었어.

④ **I stayed home yesterday.**

나는 어제 집에 있었어.

⑤ **I met my friend yesterday.**

나는 어제 친구를 만났어.

박물관(museum)에 있는 모습이므로 ②가 알맞습니다. yesterday는 '어제'를 뜻합니다.

3 (말하기) 하고 싶은 일 묻고 답하기

G: **What do you want to do?**

너는 무엇을 하고 싶니?

B: ① **I went to the park.** 나는 공원에 갔어.

② **I want to write stories.**

나는 이야기를 쓰고 싶어.

③ **I want some juice.** 나는 주스를 원해.

④ **I saw a musical.** 나는 뮤지컬을 봤어.

⑤ **I'm listening to music.**

나는 음악을 듣고 있어.

What do you want to do?는 하고 싶은 일을 묻는 표현입니다. 이에 대한 응답은 「want to＋행동을 나타내는 말」을 사용하여 답합니다.

4 (듣기) 계획 묻고 답하기

G: **What are you going to buy?**

너는 무엇을 살 거니?

B: **I'm going to buy a backpack.**

나는 배낭을 살 거야.

backpack은 '배낭'을 뜻합니다.

5 (듣기) 물건의 가격 묻고 답하기

G: **How much are these glasses?**

이 안경은 얼마인가요?

M: **They are eighteen dollars.** 18달러예요.

glasses는 '안경'을 뜻하고, eighteen dollars는 '18달러'입니다.

6 (듣기) 길 묻고 답하기

B: **Excuse me. Where is the post office?**

실례합니다. 우체국이 어디에 있나요?

W: **Go straight one block and turn right at the corner. It's on your left.**

한 구역을 곧장 가서 모퉁이에서 오른쪽으로 도세요. 그것은 당신의 왼쪽에 있어요.

우체국은 한 구역을 곧장 가서, 모퉁이에서 오른쪽으로 돌면 왼쪽에 있다고 했으므로, ③이 알맞습니다.

7 (듣기) 날짜 묻고 답하기

B: **When is the school festival?**

학교 축제가 언제니?

G: **It's on October 25th. I can't wait!**

10월 25일이야. 나는 몹시 기다려져!

October 25th(twenty-fifth)는 '10월 25일'입니다. 날짜를 말할 때 '일'에 해당하는 숫자는 서수로 씁니다.

8 말하기 허락 요청하고 답하기

B: **Excuse me. Can I sit here?**
실례합니다. 여기에 앉아도 되나요?

W: **Yes, you can.** 네, 돼요.

B: **Can I eat here?** 여기서 먹어도 되나요?

음식을 먹어도 되는지 묻는 질문에 여자는 요청을 거절하는 말인 ⑤로 답하는 것이 알맞습니다.

9 듣기 제안하고 답하기

B: **I have movie tickets. Let's go to see a movie.** 나에게 영화표가 있어. 영화 보러 가자.

G: **Sorry, I can't. I have to practice soccer.**
미안하지만 안 돼. 나는 축구 연습을 해야 해.

영화 보러 가자는 제안을 여자아이가 축구 연습이 있어서 거절하므로, ⑤가 내용과 일치하지 않습니다.

10 듣기 과거에 한 일 묻고 답하기

G: **I stayed home all day yesterday.**
나는 어제 온종일 집에 있었어.

B: **What did you do at home?**
너는 집에서 무엇을 했니?

G: **I played computer games.**
나는 컴퓨터 게임을 했어.

played computer games는 '컴퓨터 게임을 했다'라는 뜻입니다.

11 듣기 미래에 할 일 묻고 답하기

G: **I'll visit the art museum this afternoon. What will you do?**
나는 오늘 오후에 미술관을 방문할 거야. 너는 무엇을 할 거니?

B: **I'll ride a bike.** 나는 자전거를 탈 거야.

ride a bike는 '자전거를 타다'라는 뜻이고, 미래에 하려는 일을 말할 때는 will을 씁니다.

12 서답형 듣기 이름의 철자 묻고 답하기

G: **How do you spell your name?**
네 이름의 철자는 어떻게 되니?

B: **J-O-H-N S-M-I-T-H.**
J-O-H-N S-M-I-T-H야.

How do you spell your name?은 이름의 철자를 묻는 표현입니다.

13 서답형 듣기 가장 좋아하는 것 묻고 답하기

B: **Jane, what's your favorite sport?**
제인, 네가 가장 좋아하는 운동은 무엇이니?

G: **My favorite sport is basketball. How about you, Tony?**
내가 가장 좋아하는 운동은 농구야. 토니 너는?

B: **My favorite sport is baseball.**
내가 가장 좋아하는 운동은 야구야.

제인은 농구(basketball)를 가장 좋아하고, 농구장은 ③이 알맞습니다.

14 서답형 듣기 날짜 묻고 답하기

G: **When is the dance contest?**
춤 경연 대회가 언제니?

B: **It's on September 14th.** 9월 14일이야.

G: **It's today.** 오늘이네.

September 14th(fourteenth)는 '9월 14일'이고, 오늘의 날짜입니다.

15 읽기 장래 희망 말하기

나는 화가가 되고 싶다.

I want to be ~.는 장래 희망을 말하는 표현이고, painter는 '화가'를 뜻합니다.

16 〔읽기〕 초대하고 이를 수락하거나 거절하기

이번 주 금요일은 내 생일이야. 내 생일 파티에 올 수 있니? 재미있을 거야.   세호가

Can you come to ~?는 초대할 때 쓰는 표현입니다.

17 〔읽기〕 제안하고 답하기

A: 하이킹하러 가자.
B: 좋아. 나는 하이킹을 좋아해.

Let's ~.는 활동을 제안하는 표현입니다. 하이킹을 제안하는 말에 수락하는 말로 답하므로, ②가 알맞습니다.

18 〔말하기〕 아픈 곳 묻고 답하기

A: 너는 아파 보이는구나. 무슨 일이니?

'열'을 뜻하는 단어는 fever이고, 자신의 증상이나 병명을 말할 때는 「I have a+증상/병명.」으로 합니다.

19 〔말하기〕 허락 요청하고 답하기

A: 추워요. 창문을 닫아도 되나요?
B: ⑤ 네, 돼요.

허락을 요청하는 말인 Can I ~?로 묻는 말에 대한 응답은 Yes, you can.(네, 돼요.), Of course.(물론이죠.), No, you can't.(아니요, 안 돼요.)로 합니다.

20 〔읽기〕 길 안내하기

모퉁이에서 오른쪽으로 도세요.

오른쪽으로 돌라는 의미의 '우회전' 표지판은 ③이 알맞습니다.

21 〔말하기〕 반복 요청하기

A: 도서관이 어디에 있나요?
B: 뭐라고요?/다시 한번 말씀해 주시겠어요?
A: 도서관이 어디에 있나요?
B: 꽃집 옆에 있어요.

빈칸에는 반복을 요청하는 말이 오는 것이 알맞고, ④는 어디가 아픈지 물을 때 쓰는 표현입니다. ①, ②, ③은 '뭐라고요?'의 뜻이고, ⑤는 '다시 한번 말씀해 주시겠어요?'의 뜻입니다.

22 〔읽기〕 계획 및 교통수단 묻고 답하기

A: 너는 이번 방학에 무엇을 할 거니?
B: 나는 포항에 사는 사촌을 방문할 거야.
A: 재미있겠다. 너는 비행기를 타고 거기에 갈 거니?
B: 아니, 기차를 타고 갈 거야.

주어진 문장은 비행기를 타고 갈 것인지 묻는 말이므로, ④에 질문으로 오는 것이 알맞습니다.

23 〔쓰기〕 감정이나 상태의 이유 묻기

상대방의 감정이나 상태에 관한 이유를 물을 때는 「Why are you+감정/상태를 나타내는 말?」로 씁니다.

24 〔쓰기〕 과거에 한 일 말하기

나는 오늘 집에 있었다. 나는 오전에 책을 읽었다. 나는 점심을 먹고 피아노를 쳤다. 나는 저녁에 음악을 들었다.

여자가 집에서 한 일 순서로 그림을 배열하면 (B) 책 읽기 → (C) 피아노 치기 → (A) 음악 듣기 순서가 알맞습니다.

문항 번호	정답	영역	평가 내용	배점
1	③	말하기	학년에 관한 말을 듣고 의미 이해하기	4점
2	②	듣기	좋아하는 것에 관한 말을 듣고 중심 내용 이해하기	4점
3	③	말하기	외모를 묻는 질문을 듣고 알맞게 응답하기	4점
4	④	듣기	초대하고 답하는 대화를 듣고 세부사항 이해하기	4점
5	④	듣기	가격을 묻고 답하는 대화를 듣고 세부사항 이해하기	4점
6	②	듣기	앞으로 하려는 일에 관한 대화를 듣고 중심 내용 이해하기	4점
7	②	듣기	장래 희망에 관한 대화를 듣고 중심 내용 이해하기	4점
8	⑤	듣기	좋아하는 이유를 묻고 답하는 대화를 듣고 내용 이해하기	4점
9	④	말하기	대화 상황에 맞게 알맞은 조언하기	4점
10	③	말하기	이름에 관한 대화를 듣고 알맞게 응답하기	4점
11	②	말하기	과거의 경험에 관해 묻고 답하는 대화하기	4점
12	3	서답형 듣기	학년에 관한 대화를 듣고 세부사항 이해하기	4점
13	영화관/극장	서답형 듣기	길을 안내하는 말을 듣고 중심 내용 이해하기	5점
14	sad	서답형 듣기	감정에 관한 대화를 듣고 문장에 포함된 낱말 정확히 쓰기	5점
15	①	읽기	좋아하는 이유에 관한 문장을 읽고 의미 이해하기	4점
16	③	읽기	외모를 묘사하는 문장을 읽고 의미 이해하기	4점
17	④	말하기	초대하는 내용의 짧은 글을 읽고 알맞게 응답하기	4점
18	②	말하기	앞으로 하려는 일에 관한 질문을 읽고 알맞게 응답하기	4점
19	⑤	읽기	아픈 증상에 관한 대화를 읽고 세부사항 이해하기	4점
20	②	읽기	미래 계획에 관한 대화의 흐름 이해하기	4점
21	④	말하기	허락 요청에 관한 대화를 읽고 알맞게 응답하기	4점
22	⑤	읽기	과거의 경험에 관한 짧은 글을 읽고 중심 내용 이해하기	4점
23	look	쓰기	외모에 관한 대화를 읽고 낱말 넣어 문장 완성하기	5점
24	(1) 6 (2) 기자	쓰기	학년과 장래 희망에 관한 대화를 읽고 세부사항 이해하기	5점

1 [말하기] 학년 묻고 답하기

G: ① **What's your name?**
네 이름은 무엇이니?

② **How do you spell your name?**
네 이름의 철자는 어떻게 되니?

③ **What grade are you in?**
너는 몇 학년이니?

④ **What's the matter?**
무슨 일이니?

⑤ **What do you want to be?**
너는 무엇이 되고 싶니?

주어진 응답은 "나는 1학년이야."라는 뜻이므로, 질문은 학년을 묻는 말인 ③이 알맞습니다.

2 [듣기] 가장 좋아하는 것 말하기

B: **My favorite subject is science. I like to study science.**
내가 가장 좋아하는 과목은 과학이야. 나는 과학 공부하는 것을 좋아해.

My favorite subject is ~.는 가장 좋아하는 과목을 말할 때 쓰는 표현이고, science는 '과학'을 뜻합니다.

3 [말하기] 외모 묘사하기

B: **What does your sister look like?**
네 여동생은 어떻게 생겼니?

G: ① **She's ten years old.** 그녀는 열 살이야.

② **Her name is Sujin.** 그녀의 이름은 수진이야.

③ **She has long hair.** 그녀는 머리가 길어.

④ **She likes to dance.**
그녀는 춤추는 것을 좋아해.

⑤ **She has a new bike.**
그녀는 새 자전거를 가지고 있어.

질문은 여동생의 외모를 묻는 말이므로, 외모를 표현하는 ③이 응답으로 알맞습니다.

4 [듣기] 초대하고 이를 수락하거나 거절하기

B: **Hana, can you come to the Halloween party today?**
하나야, 오늘 핼러윈 파티에 올 수 있니?

G: **Sorry, I can't. I have a cooking class.**
미안하지만 안 돼. 나는 요리 수업이 있어.

Sorry, I can't.는 초대를 거절할 때 쓰는 표현이고, 이어지는 말에서 하나가 오늘 요리 수업이 있다는 걸 알 수 있습니다.

5 [듣기] 물건의 가격 묻고 답하기

B: **How much are these pants?**
이 바지는 얼마예요?

W: **They are thirty dollars.** 30달러예요.

B: **Okay. I'll take them.** 좋아요. 그걸로 살게요.

thirty dollars는 '30달러'입니다. '13달러'인 thirteen dollars로 듣지 않도록 유의합니다.

6 [듣기] 미래에 할 일 묻고 답하기

B: **What will you do this summer?**
너는 이번 여름에 무엇을 할 거니?

G: **I'll travel to Paris. I'll visit the Eiffel Tower.**
나는 파리로 여행을 갈 거야. 나는 에펠탑을 방문할 거야.

파리로 여행을 갈 거라고 말하고 있으므로, 여행하는 모습인 ②가 알맞습니다.

7 [듣기] 장래 희망 묻고 답하기

G: **Homin, what do you want to be?**
호민아, 너는 무엇이 되고 싶니?

B: **I want to be a vet. I want to help sick animals.** 나는 수의사가 되고 싶어. 나는 아픈 동물들을 돕고 싶어.

I want to be ~.는 되고 싶은 것을 말할 때 쓰는 표현이고, vet은 '수의사'를 뜻합니다.

8 듣기 좋아하는 이유 묻고 답하기

G: Bob, why do you like winter?

밥, 너는 왜 겨울을 좋아해?

B: Because I can go skiing.

왜냐하면 스키를 타러 갈 수 있기 때문이야.

G: I don't like winter because it's cold.

나는 추워서 겨울을 좋아하지 않아.

밥은 스키를 타러 갈 수 있어서 겨울을 좋아한다고 말합니다. 이유를 묻고 답할 때는 why와 because를 사용합니다.

9 말하기 아픈 증상에 대해 조언하기

① G: I have a runny nose. 나는 콧물이 나.

　B: Take this medicine. 이 약을 먹어.

② G: I have a headache. 나는 머리가 아파.

　B: Go to bed early. 일찍 잠자리에 들어.

③ G: I have a stomachache. 나는 배가 아파.

　B: Get some rest here. 여기서 좀 쉬어.

④ G: I have a cold. 나는 감기에 걸렸어.

　B: Drink warm water. 따뜻한 물을 마셔.

⑤ G: I have a toothache. 나는 이가 아파.

　B: Go and see a dentist.

　　치과에 가서 진료를 받아.

여자아이는 기침을 하고 있고, 남자아이는 따뜻한 마실 것을 권하고 있는 모습이므로, ④가 알맞습니다.

10 말하기 이름의 철자 묻고 답하기

G: My name is Kate Brown.

내 이름은 케이트 브라운이야.

B: How do you spell your name?

네 이름의 철자는 어떻게 되니?

How do you spell your name?은 이름의 철자를 묻는 표현이므로, ③이 응답으로 알맞습니다.

11 말하기 과거에 한 일 묻고 답하기

① B: Can I touch the picture? 그림을 만져도 되니?

　G: Yes, I can. 응, 난 할 수 있어.

② B: What did you do during the vacation?

　　너는 방학 동안에 무엇을 했니?

　G: I visited my grandparents.

　　나는 조부모님댁을 방문했어.

③ B: Let's play basketball. 농구를 하자.

　G: No, thanks. 고맙지만 괜찮아.

④ B: What do you want to do?

　　너는 무엇을 하고 싶니?

　G: I'm watching TV. 나는 텔레비전을 보고 있어.

⑤ B: How was your vacation? 네 방학은 어땠니?

　G: I'm great, thanks. 나는 잘 지내, 고마워.

②에서 질문은 과거에 한 일을 묻는 말이고, 응답도 과거 표현을 사용하여 한 일을 말하고 있으므로 자연스럽습니다.

12 서답형 듣기 학년 묻고 답하기

B: This is my brother, Jaemin.

이 애는 나의 남동생 재민이야.

G: What grade is he in? 그는 몇 학년이니?

B: He's in the third grade. 그는 3학년이야.

third grade는 '3학년'을 뜻하고, third는 3(three)의 서수입니다.

13 서답형 듣기 길 안내하기

W: Go straight one block and turn left at the corner. It's on your right.

곧장 한 구역을 가서 모퉁이에서 왼쪽으로 도세요. 그것은 당신의 오른쪽에 있어요.

곧장 한 구역을 가서 왼쪽으로 돌아 오른쪽에 있는 건물은 영화관(Movie theater)입니다.

14 [서답형 듣기] 감정이나 상태의 이유 묻고 답하기

> B: **Why are you so sad?** 너는 왜 그렇게 슬퍼하니?
>
> G: **Because I lost my dog.**
> 왜냐하면 나는 내 개를 잃어버렸기 때문이야.

여자아이는 개를 잃어버려서 슬픈 심정입니다.

15 [읽기] 좋아하는 이유 말하기

나는 따뜻하고 화창하기 때문에 ①봄을 좋아한다.

따뜻하고 화창한 계절은 봄입니다.

16 [읽기] 외모 묘사하기

그녀는 긴 곱슬머리이고, 눈이 갈색이다.

긴 곱슬머리에 갈색 눈을 가진 ③이 알맞습니다.

17 [말하기] 초대하고 이를 수락하거나 거절하기

기호야, 나는 오늘 밤에 과자 파티를 할 거야. 우리 집에 올 수 있니?

기호는 몸이 아픈 모습이므로, 파티 초대를 거절하는 말인 ④가 알맞습니다.

18 [말하기] 미래에 할 일 묻고 답하기

A: 나는 방학 동안에 과학 캠프에 참가할 거야. 너는 무엇을 할 거니?

B: ② 나는 중국어를 배울 거야.

미래에 할 일을 묻고 있으므로, ②가 알맞습니다.

19 [읽기] 아픈 증상에 대해 조언하기

데이브: 너 괜찮니?

에릭: 아니, 나는 배가 아파.

데이브: 이 약을 먹어.

에릭: 응, 그럴게.

약을 먹으라고 조언하고, 에릭은 그러겠다고 답했으므로, ⑤가 알맞습니다.

20 [읽기] 계획 묻고 답하기

너는 방과 후에 무엇을 할 거니?

(A) 나는 새 모자를 살 거야.

(B) 나는 쇼핑하러 갈 거야.

(C) 너는 무엇을 살 거니?

방과 후의 계획을 묻는 질문에 쇼핑하러 갈 거라고 답하고(B), 이어서 무엇을 사려는지 묻고(C), 살 것을 말하는 (A)가 오는 것이 자연스럽습니다.

21 [말하기] 허락 요청하고 답하기

A: 당신의 휴대전화를 써도 될까요?

B: ④ 네, 돼요. 여기 있어요.

빈칸 뒤에 물건을 건넬 때 쓰는 표현이 왔으므로, 빈칸에는 허락하는 말인 ④가 알맞습니다.

22 [읽기] 과거에 한 일 말하기

나는 오늘 콘서트에 갔다. 나는 내가 가장 좋아하는 가수를 만났다. 나는 즐거운 시간을 보냈다.

went to the concert는 '콘서트에 갔다'라는 뜻이므로, ⑤가 알맞습니다.

23 [쓰기] 외모 묘사하기

B: 그는 키가 커. 그는 눈이 커.

그 또는 그녀의 외모를 물을 때는 What does he/she look like?로 말합니다.

24 [쓰기] 학년 및 장래 희망 묻고 답하기

케이트: 너는 몇 학년이니?

폴: 나는 6학년이야.

케이트: 너는 무엇이 되고 싶니?

폴: 나는 우리 아버지처럼 기자가 되고 싶어.

(1) sixth grade는 '6학년'을 뜻합니다.

(2) 폴은 기자(reporter)가 되고 싶어 합니다.

꿈을 위한 동행

축구선수, 래퍼, 선생님, 요리사...
배움을 통해 아이들은 꿈을 꿉니다.

학교에서 공부하고, 뛰어놀고 싶은 마음을
잠시 미뤄둔 친구들이 있습니다.
어린이 병동에 입원해 있는 아이들.

이 아이들도 똑같이 공부하고
맘껏 꿈 꿀 수 있어야 합니다.
천재교육 학습봉사단은
직접 병원으로 찾아가
같이 공부하고 얘기를 나눕니다.

함께 하는 시간이
아이들이 꿈을 키우는 밑바탕이 되길 바라며
천재교육은 앞으로도
나눔을 실천하며 세상과 소통하겠습니다.

천재교육

정답은
이안에
있어 !

단기간 고득점을 위한 2주

전략 질주

중학 전략

내신 전략 시리즈

국어/영어/수학

필수 개념을 꽉~ 잡아 주는 초단기 내신 대비서!

일등전략 시리즈

국어/영어/수학/사회/과학 (국어는 3주 1권 완성)

철저한 기출 분석으로 상위권 도약을 돕는 고득점 전략서!